传世励志经典

U0602689

淡然的智者
蒋梦麟

陈 雪 编著

中华工商联合出版社

图书在版编目（CIP）数据

淡然的智者——蒋梦麟 / 陈雪编著. --北京：中
华工商联合出版社，2015.7
ISBN 978-7-5158-1356-1

Ⅰ. ①淡… Ⅱ. ①陈… Ⅲ. ①蒋梦麟（1886～1964）
—传记 Ⅳ. ①K825.46

中国版本图书馆 CIP 数据核字（2015）第 149111 号

淡然的智者
——蒋梦麟

作　　者：陈　雪
出 品 人：徐　潜
策划编辑：魏鸿鸣
责任编辑：林　立
封面设计：周　源
营销总监：曹　庆
营销推广：王　静　万春生
责任审读：郭敬梅
责任印制：迈致红
出版发行：中华工商联合出版社有限责任公司
印　　刷：天津旭丰源印刷有限公司
版　　次：2015 年 8 月第 1 版
印　　次：2023 年 4 月第 4 次印刷
开　　本：710mm×1020mm　1/16
字　　数：200 千字
印　　张：15.75
书　　号：ISBN 978-7-5158-1356-1
定　　价：59.80元

服务热线：010—58301130
销售热线：010—58302813
地址邮编：北京市西城区西环广场 A 座
　　　　　19—20 层，100044
http://www.chgslcbs.cn
E-mail：cicap1202@sina.com（营销中心）
E-mail：gslzbs@sina.com（总编室）

序

　　为了给《传世励志经典》写几句话，我翻阅了手边几种常见的古今中外圣贤大师关于人生的书，大致统计了一下，励志类的比例，确为首屈一指。其实古往今来，所有的成功者，他们的人生和他们所激赏的人生，不外是：有志者，事竟成。

　　励志是动宾结构的词，励是磨砺，志是志向，放在一起就是磨砺志向。所以说，励志不是简单的立志，是要像把刀放在石头上磨才能锋利一样，这个磨砺，也不是轻而易举地摩擦一下，而是要下力气的，对刀来说，不仅要把自身的锈磨掉，还要把多余的部分都要毫不留情地磨掉，这简直是一场磨难。所有绚丽的人生都是用艰难磨砺成的，砥砺生命放光华。可见，励志至少有三层意思：

　　一是立志。国人都崇拜的一本书叫《易经》，那里面有一句话说："天行健，君子以自强不息。"这是一种天人合一的理念，它揭示了自然界和人类发展演化的基本规律，所以一切圣贤伟人无不遵循此道。当然，这里还有一个立什么样的志的问题，孔子说："士不可以不弘毅，任重而道远。"古往今来，凡志士仁人立的都是天下家国之志。李白说：大丈夫必有四方之志，白居易有诗曰：丈夫贵兼济，岂独善一身，讲的都是这个道理。

二是励志。有了志向不一定就能成事，《礼记》里说："玉不琢，不成器。"因为从理想到现实还有很大的距离。志向须在现实的困境中反复历练，不断考验才能变得坚韧弘毅，才能一步一个脚印地逐步实现。所以拿破仑说：真正之才智乃刚毅之志向。孟子则把天将降大任于斯人描述得如此艰难困苦。我们看看历代圣贤，从世界三大宗教的创始人耶稣、穆罕默德、释迦牟尼到孔夫子、司马迁、孙中山，直至各行各业的精英，哪一个不是历经磨难终成大业，哪一个不是砥砺生命放射出人生的光芒。

三是守志。无论立志还是励志都不是一朝一夕、一蹴而就的，它贯穿了人的一生，无论生命之火是绚丽还是暗淡，都将到它熄灭的最后一刻。所以真正的有志者，一方面存矢志不渝之德，另一方面有不为穷变节、不为贱易志之气。像孟子说的那样："富贵不能淫，贫贱不能移，威武不能屈。"明代有位首辅大臣叫刘吉，他说过：有志者立长志，无志者常立志，这话是很有道理的。

话说回来，励志并非粘贴在生命上的标签，而是融汇于人生中一点一滴的气蕴，最后成长为人的格调和气质，成就人生的梦想。不管你做哪一行，有志不论年少，无志空活百年。

这套《传世励志经典》共收辑了100部图书，包括传记、文集、选辑。为励志者满足心灵的渴望，有的像心灵鸡汤，营养而鲜美；有的就是萝卜白菜或粗茶淡饭，却是生命之必需。无论直接或间接，先贤们的追求和感悟，一定会给我们带来生命的惊喜。

徐 潜

前　言

　　蒋梦麟，一个北京大学历史上的传奇人物，一个中国教育史上的杰出代表人物，一个出生于江南水乡，却长眠于海峡另一岸的多情之人。

　　有人说，蒋梦麟是一个"有种"的人。他有胆量先后两次接下一团混乱的北京大学，并最终将北京大学恢复到兴盛时期的状态；他能在日本人的威胁下面不改色，淡然自若，并且不失骨气和民族精神。

　　有人说，蒋梦麟是一个"多情"的人。他对学生有情，对同人有情，对祖国有情，对事业也有情。为了保护学生，他宁愿遭受学生们的误会也要阻止学生盲目参与政治运动。而他自己却为了国家和社会的发展，努力地奋斗终生。他爱护北京大学的教授们，努力为他们提供优越的待遇，让他们能够有安稳的环境进行教学研究。为了国家的发展，他不惜得罪执政者，抨击时弊。为了事业，他不辞辛劳，临终前还在惦记着自己负责的项目。

　　有人说，蒋梦麟是一个可称为"三不朽"的人，即同时在立德、立功和立言三方面做出贡献。他有令人钦佩的高尚品德，

"遇名利多谦让，遇责任勇担当"；他在各领域立下的功劳数不胜数，支持文化改革，发展国内教育，提倡农业改革；他的《西潮》被许多后人当作"人生教科书"。

本书描写了蒋梦麟的一生，让我们看到他是如何从一位天真的孩童成长为渴望新知的少年，如何变成一位有志青年，如何成为一代学者和教育家，又如何成为社会上举足轻重的人物。通过对他童年生活的描写，我们可以明白他成年后为何会那么在意教育的发展，又为何那么重视农村的发展。

纵观蒋梦麟的前半生，年少离家求学，长大后出国进修，回国后从事教育事业，这些都与教育有着密不可分的关系；而纵观他的后半生，担任"农复会"主任，修建石门水库，主张台湾实施计划生育，又都和农业及民生不可分割。这说明他并不是一个不食人间烟火的清高书生，而是一个活生生的人。

在学习生涯中，他经历了许多波折，而这些波折从未打消过他继续求学的念头；在职业生涯中，他经历了许多困苦，而这些困苦也从未让他退缩。在战火连天的日子里，他写下了《西潮》一书，用真实的事件向人们展示着他前半生所见、所闻、所经历的一切，以及他一向积极乐观，永不言弃的生活态度。

不守旧，不唯新，不激进，不绝望。蒋梦麟用这样的态度影响了许多他身边的人。在北京大学的日子里，他用他独到而周到的处事方式得到了教职员工们的尊重，平定了校园的混乱，树立了浓郁的学术氛围，激发了教授们的责任心和学生们的上进心。在"农复会"，他用他对工作的热情召集起了许多人与他并肩努力。

蒋梦麟凭着他敏锐的洞察力发现了当时社会中的种种弊端，并大胆指出。他也曾凭着他卓越的眼光提前预知了弊端所带来的危害，并提出预警。为了社会更加美好，他一直在努力，哪怕会因此失去自己的生命，他也在所不惜。

台湾的《仙人掌》杂志称："蒋梦麟生在一个左右中都不是的年代，但他却慎重地选择了自己的路，向时代做出了他的贡献，对后代献出了他的宝贵经验，他应死而无憾了。"蒋梦麟是否真的死而无憾？或许他最大的遗憾，便是没能在有生之年回到家乡，再看一看那片熟悉的土地，喝一口家乡的水吧。

希望此书能够为读者们带去一些启示，在今后的日子里，更加明确自己内心渴望到达的方向，朝着那个方向一路坚持下去，创造一个即便不够完美，也要终生无悔的人生。

编　者

目 录

第一章　清末小村忆童年

1. 名士出余姚

都说江南好风景，烟雨蒙蒙柳色新。一提到江南，人们脑海中总会自然地浮现出这样的画面：弯弯的河流，青青的垂柳，精致的石桥，典雅的长廊，桥上是撑着纸伞的温婉女子，长廊边是手持书卷的白衣书生，桥下有船夫划着小船经过，清清的河水呈现出条条清波。如今的江南与古时有所不同，却也没失了它特有的清新和雅致。大多江南的名城都有着风景秀丽，气候宜人的特点，而且历史悠久，文化氛围浓郁，名人辈出。

余姚地处浙江省东部，临山近海，气候温和，是一处人杰地灵之所。关于余姚这一地名的来历，有多个版本的传说，有人说余姚是舜的后代所封之地，因为舜姓姚，所以此地被称为余姚；也有人说余姚位于余山和姚水之间，将一山一江各取一字，便有了"余姚"。

距离余姚不远的地方，卧着一条以美景奇观而著名的江——

钱塘江。钱塘江由于水路曲折，在古代又被称为"浙江"，浙江省的名字正是取自于此。数百年来，江水不断冲刷着两岸，反复之间，将养分充足的泥土带到了这里，并留在了这里。久而久之，泥土越来越多，致使江的两岸越来越向杭州湾扩张，最后竟形成了一处平原。

平原刚刚形成时还不方便居住和种植，却有其他用途，两岸的居民在这片平原上建起了临时的围堤，将存在泥土中的海水晒干，得到海盐，以满足他们日常生活。海盐的产量非常可观，于是居民们除了自用，也将这些盐运送到其他地区出售，增加收入。随着时间的流逝，平原上的盐渐渐晒尽了，土地也渐渐干燥了，于是居民们将这片土地保护起来，留作畜牧之用。

日复一日，年复一年，平原的土壤越来越适合生活，于是，这里便出现了新的村庄，它们或大或小，分散着排列开来，南至山麓，北至沿海，像宇宙中的一条星河。面积不太大的稻田分散在这些村庄之间，看起来随意却又有着一定的规律。

蒋村便是这些村庄中的一个。数百年前，这里和它周围的小村庄一样，保守而原始，宁静而安逸，并没有什么不同，若不是因为一百多年前，这里诞生了一位中国著名的教育家，使这座小村庄出了名，或许，至今仍然不会有几人知道蒋村的所在，也不会有几人去了解它的过去。

几百年前，蒋村只是一个相对落后的小村庄，总人口不过300人左右，在当时算得上是规模较小的村庄了。虽然规模较小，村民们的日常生活却过得有滋有味，这都要归功于它所处的地理位置，三面环河的有利条件使这里成为一个盛产鱼虾等水产品的小村，富饶的土壤也滋养着各种农作物健康生长，使这里的居民从来不需要为衣食担忧。

这里的人们每日过着简单的生活，自给自足，不需要向外界索取，自然也就很少与外界联系。就在这样的一种环境里，孕育出一户不一样的蒋家人，而这户蒋家人中又诞生出一位伟大的教育家，他的思想开放，好奇心强，喜欢新事物，喜欢观察，也喜欢钻研，他的名字，叫蒋梦麟。

2. 世代为人杰

据记载，蒋村人的祖先是徽州蒋氏的一支，所谓"江南无二蒋"，在蒋村人的心中，江南所有姓蒋之人都拥有同一个祖先，蒋村的村民们自然也是一家人。

在蒋村中一旦有人发生口角，旁人又无法劝解时，人们都会将辈分最高的人请来，对发生口角的双方进行规劝和调解。

辈分最高的人也总能够公平公正地解决问题，不偏私，不祖护，正因如此，他在村中的威望才会越来越高。

蒋梦麟在自传中提到，蒋氏的始祖是周公的第三个儿子——姬伯龄。周公曾在周成王尚且年幼时辅佐他从政，对周朝贡献极高，后来，他的儿子姬伯龄受封于黄河流域下游一处名为"蒋"的地域，所以他后来的子孙便都随了封地的姓，姓蒋。再后来，蒋国被灭，蒋国的子民流落各地，并将蒋姓带到了其他地方，这其中就包括余姚一带。

蒋梦麟的家庭在蒋村算得上是小康之家，这主要归功于他的祖父蒋斌润。太平天国期间，蒋斌润前往上海，在上海开了一个小的钱摊儿，帮人兑换各种钱币，以从中赚取手续费。当时的上海已经有不少大钱庄了，并没有人把他这个小钱摊儿放在眼里，然而蒋斌润有一手好本事，任何银圆只要让他看上一眼，他就能辨别出这块银圆是真是假，并且从未失误过。

凭着辨别真假银圆的能力，蒋斌润的名气很快在上海打响了，各大钱庄的老板也纷纷注意到这个年轻人，对他刮目相看，并且有意将他请到自己的钱庄做经理。面对各大钱庄的邀请，蒋斌润一一婉拒，他的心里早有了自己的主意。

不出几年，蒋斌润的小钱摊儿变成了一家小钱庄，他凭借自己的好本事和经营头脑，用了很短的时间便将小钱庄发展壮大，变成了当时在上海排名第一的大钱庄，令各大钱庄的老板佩服不已。

在那个年代，能够将钱庄开起来，并且开得规模很大，收入自然相当可观。在蒋斌润的努力经营下，蒋家的经济状况越来越好，积累的财富也越来越多，然而天有不测风云，就在蒋家日渐兴旺之时，蒋斌润却受了重伤，需要截肢。

听说蒋斌润需要截肢，家里人都担心极了。蒋斌润刚过而立之年，若是在此时失去一只脚，不要说以后行走不便，生活和生意上也都可能受到影响。然而最后他们还是同意了，只希望蒋斌润截肢后能够快些好起来。

截肢前，蒋斌润还笑着安慰妻儿，这只是一个小手术，让他们不要太担心，没想到，截肢后不久，他的身体便出现了不良的症状。医生对此的诊断是血液感染，虽然马上进行了抢救，可最终还是没能挽回蒋斌润的性命。蒋家唯一的顶梁柱就这样撒手西去了。

蒋斌润去世时，蒋梦麟的父亲蒋怀清还只是个 12 岁的孩子，既不懂经营钱庄，也不懂打理家事，一夜之间失去相依为命的父亲，对于年仅 12 岁的他而言无疑是重大的打击，他不知道如何处理这一大笔遗产，也不知道如何处理父亲的后事，心里自然生出些茫然和不安。

蒋斌润一生只有蒋怀清一个儿子，他的妻子李氏虽然懂得勤俭持家，可毕竟只是一位普通妇人，不懂经营，也不便出面管理生意。幸好，蒋斌润生前曾给蒋怀清定过一门亲事，而这户人家的男主人又是位心地善良，处事谨慎，为人正直的人，他看到蒋家这对孤儿寡母的无助，便主动出面帮忙处理蒋斌润的后事，并在蒋怀清成年之前代他管理蒋家的财产。

蒋怀清一夜之间成了全村最有钱的孩子，也成了全村最富有的孤儿，这使他同时招来了村里人的同情和羡慕。蒋怀清只是个单纯的孩子，他没有考虑过人们怎样看他，也没有考虑过要如何处理这些财产，和遗产相比，他更希望父亲能够一直平安健康地与自己一起生活。

蒋怀清相信父亲给他挑选的亲事，也相信他的岳父，所以他放心地将财产交给了他的岳父。他的岳父将他得到的遗产作了合理投资，并使这些遗产在 30 年内整整翻了 10 倍。可以说，蒋家日后能够过上富裕的生活，这其中也有一部分是蒋怀清岳父的功劳。

蒋怀清成年后，岳父便将钱交还到他的手中，由他自己支配。得到钱财的蒋怀清并没有像那些纨绔子弟一般，大肆挥霍手中的金钱，将钱财用于和狐朋狗友吃喝玩乐，而是坚持着俭朴的生活作风，在他身上，看不出丝毫富家子弟的劣性，他就和每一个普通人家长大的孩子一样，单纯，善良，节俭。

蒋怀清自小便是个非常懂事聪明的孩子，成年后，他立刻从母亲手中接过了管理蒋家事务的担子。蒋怀清继承了父亲的聪明头脑和母亲的勤俭，将家里大小事务管理得井井有条。蒋家每一笔开销都要经过他的审核，非他点头应允不可。蒋家虽然富甲一方，被称为姚西首富，却从未有过奢侈的生活，也从未过度浪费过一分钱财。

不知是与当地淳朴的民风有关，还是与蒋家一贯乐善好施的家风有关，蒋怀清的心地极好，为人又诚实可靠。在当地的居民心中，蒋怀清就像一尊"活菩萨"，他虽然对自己要求严格，勤俭持家，却一点也不吝啬，谁家遇到困难，需要帮助，他都会慷慨解囊，从不推脱。

蒋怀清相信善恶终有报，也相信与人为善可以为家中添福，为家人添寿，保佑家人一生平安，他还相信即使上天注定一个人今生要遭受许多灾难，只要这个人一心向善，与人为善，多做善事，就能够改变多灾多难的命运。这种念头令他不但与人为善，乐善好施，还非常关注公益事业，时常向各种慈善机构捐款，以表心意。在他心中，捐善款能够帮助许多需要帮助的人，同样是一种善事。

蒋村有一座桥名为牛栏桥，是出入村子的必经之处。1886年，蒋怀清见牛栏桥破损不堪，担心村民们出行不便，便出资将桥重建；1892年，他见许多穷人过世后无钱安葬，便和几位好友一起设立了一处负责丧葬的慈善机构，并出资买下一片土地作为义冢，以免家境过于贫困的人因为无钱安葬而曝尸街头，他还命该机构为穷人施棺，让他们能够体面下葬。

1899年和1910年，蒋村遭遇两次重大水灾，许多人家的家园和田地皆被冲毁，蒋怀清见状，立刻联合几位企业家去其他未遭受水灾的地方大批购买粮食，然后以平价售给当地的居民。为了方便村民购买，他还临时开设了一些售粮处，这使得村民们对他感激不尽。

蒋怀清的为人令他赢得了许多人的尊重和爱戴。在蒋村，只要一提到他的名字，无人不称赞，无人不夸奖，无人不心怀敬意。渐渐地，蒋怀清的名声传到了其他村庄，方圆百里内的人都知道，蒋村出了这么一位年纪轻轻便有着大胸怀和悯人之心的富家绅士。在蒋怀清的影响下，蒋村的名声也变得响亮了起来。

由于成年后，家中的各种事务都由蒋怀清接手，而许多由蒋怀清投资的钱庄又都在上海，所以蒋怀清年轻时免不了时常往来于上海和蒋村。上海不同于蒋村，也不同于余姚，那是一座繁华的城市，早早就被西方的风潮所吹过。在那里，蒋怀清接触到了许多西方的文明，这也让他的头脑中时时浮现出一些不同寻常的念头。也是因为接受了西潮的影响，他对教育事业也开始有了关注。

在当时，农村的教育非常薄弱，许多家境贫困的孩子们都没有机会接受教育。1902 年，蒋怀清号召其他乡绅一起创办义塾，以保证家境贫寒的孩子们有学上，有书读。之后，他又创办了浙江第一所新式私立高等小学堂，余姚师范讲习所，附属初等小学堂等教育机构，对余姚的教育事业做出了巨大贡献。

蒋怀清的这种性格和为人在日后对蒋梦麟也产生了极大的影响，蒋梦麟曾说，他一生都视他的父亲为最高榜样，却遗憾自己无论怎么努力，都只能学到父亲的几分，无法完全将父亲身上的优点全部发扬光大。

3. 小熊入清梦

随着前往上海的次数越来越多，在上海停留的时间越来越久，蒋怀清与西方文明和西式生活的接触也越来越多。他被西方物品所吸引，平日里，也会对那些吸引他的西方事物进行仔细观察，记下它们的样子，研究它们的结构和功能，然后根据自己的理解去画一些草图。他也曾找来工匠，命他们按照自己画的草图去打造相应的器具或者建造一幢房子。但要说到蒋怀清最出名的一次"创造"，应该是他试图凭一己之力制造出一艘轮船的事。

蒋村虽然临江，却不靠海，蒋怀清每次前往上海，都需要先乘坐人力船到达宁波，再从宁波换乘轮船到上海。相比从宁波到上海的距离，从蒋村到宁波的距离并不算远，甚至不足从宁波到上海的十分之一，可是所花费的时间却要多出好几倍。这一事实让蒋怀清深感西方文明的先进。

从蒋村前往宁波的途中，看到太阳升起又落下，落下又升起，看到船家辛苦地划动着船桨，用力地撑着竹篙，有时还要下船拉纤，蒋怀清的心里冒出一个念头，为什么不自己打造一艘轮船呢？这样自己以后的出行就会方便许多，还能节约不少的时间，船家也可以不用那么辛苦了。

有了想法，蒋怀清便开始设计他的"轮船"。在几经考虑之后，他决定将水轮作为推动"轮船"前进的动力。在画设计图的过程中，他花了不少的心思，也反复修改了无数次，终于，设计图画好了，他兴奋极了，立刻找来木匠和造船匠，让他们按照他的设计图制造"轮船"。

一个多月过去了，蒋怀清的"轮船"终于完工了。早在"轮船"没有制造完成时，蒋怀清造船的事情就已经传遍了整个村子，所有人都满怀期待地等着看他的"轮船"到底会是什么样子，到底会有怎样的表现。"轮船"试航的那一天，村里的人早早就来到了"轮船"下水的地方，抻着脖子，张大眼睛，等待奇迹的发生。

"轮船"终于下水了，两位身材彪悍的水手负责推动水轮的两个木柄，让"轮船"前行。"轮船"刚刚下水之后，速度还不算太快，然而没过多久，"轮船"的速度便渐渐快了起来，这让围观的人们都感到很兴奋。最兴奋的当然还是蒋怀清本人，他以为这是个好兆头，可是没想到，"轮船"在达到与桨划船相同的速度之后，再也不加快了。

围观的群众都很着急，他们大声为水手们加油，水手们听到加油声，更用力地转动水轮，想要让船再快一些，可任凭他们怎么用力，船的速度都没有变得更快。一向处变不惊的蒋怀清也急了，他也出手去和水手们一起转动水轮，可结果还是一样。

围观群众们发出了叹息的声音，眼中露出了失望的神情，蒋怀清知道，"轮船"的首航失败了。然而，蒋怀清并没有就此放弃，他对"轮船"进行了几次改良，又一次次下水实验，可结果仍然不理想，最后一次，水轮竟然被水草缠住了，并且越是前行，缠的水草就越多。当看到水轮彻底被水草缠得死死的，动弹不得时，蒋怀清终于认输了。

虽然"轮船"没有造成，蒋怀清却由此想明白了一件事，那便是当时西方的教育远比当时国内的教育要先进得多。特别是当有人告诉他瓦特和蒸汽机的事后，他彻底明白了为什么他的"轮船"会失败，也彻底被西方先进的文明所征服了。他深深地意识到，表面的模仿没有用，只有明白深层的原理，才能真正掌握一门先进的知识。

"轮船"事件之后，蒋怀清不再幻想以人力与先进的技术抗衡，他也由此做了一个决定，等他的孩子们到了该读书的年纪后，一定要让他们接受现代化的教育，让他们从小就明白这个道理，然后学会西洋人制造东西的诀窍，真正制造出与西方那些神奇物品一样的物件。

1886年1月19日夜里，蒋怀清做了一个梦，梦见一头熊来到了他的家中。当时他的妻子身怀六甲，临盆之日将至，按照当地的风俗习惯，梦见熊入家中说明家里要添男孩，这个梦令蒋怀清非常开心。虽然当时他已经有了三个儿子和一个女儿，但是一想到家里又要多一个男孩，他还是止不住兴奋。

第二天，蒋怀清的妻子果然生了一个男孩，孩子出生后，蒋怀清高兴极了，连忙感谢祖先的庇佑，并给这个新出生的孩子起名为梦熊，取自孩子诞生之前他梦见一头熊之意。

根据孩子出生之前的梦境给孩子命名是蒋怀清的习惯。长子出生前，他梦见了兰花，于是给长子起名梦兰，次子出生前，他梦见了桃子，于是给次子起名梦桃。从名字上看，蒋梦熊算是比较幸运的，因为两位哥哥的名字听起来都有些像女子的名字，而他的名字中有个"熊"字，至少从名字上听能够分辨得出是一个男孩子，然而，这个名字却并没有伴他一生。

初中时，蒋梦熊参与了学潮运动，并因此被列入了黑名单，没有办法进入高等学堂继续读书。为了不耽误儿子的学业，蒋怀清为蒋梦熊改名为蒋梦麟，字兆贤、少贤，号孟邻，从此，世上便多了一名叫作蒋梦麟的男孩子。

蒋梦麟是余姚蒋氏第十六世孙，在蒋怀清编写的《兰风蒋氏宗谱》中，关于蒋梦麟的部分是这样写的："德铭，谱行微，名梦麟，号兆贤，配孙氏。"宗谱中还记录了蒋梦麟的儿子一辈。

蒋梦麟诞生时，祖母也已过世多年，家中只有父母，三位兄长和一位姐姐。对于这样一个富贵之家而言，多一个孩子对家里的经济状况不会产生任何影响，所以蒋梦麟的到来让全家都感到开心。身为蒋家最小的一个孩子，又是男孩，蒋梦麟自然受到了全家的疼爱。

蒋怀清是个知书达理，温文尔雅的人，他的妻子经氏是一位非常有教养的大家闺秀，说话轻柔，待人温和，样貌柔美，知晓韵律，会弹琴，会唱词，她最常唱的一首词叫《古琴引》，每当她唱起这首词，幼年的蒋梦麟都会安静地陪在母亲身边倾听，听着母亲柔和的声音，他的心里就感到无比的安心。直到经氏病故多年之后，蒋梦麟仍然能够记得母亲吟唱《古琴引》时的样子。

经氏是在蒋梦麟7岁那年病故的。经氏病故之后，她的书房有许多年都一直保持着她还在世时的样子——红木制成的琴几上一把白玉制成的古琴，琴身上盖着一条白色的丝缎，琴的后面是挂满了名家书画的书斋的墙。蒋梦麟每每看到此景，都会不由得希望母亲能如往日般坐在那里，恬静而美丽，他有时甚至会将自己想象成那把古琴，用琴声倾诉满心的思念。

孩子们还小，家里没有女主人总算不得是个完整的家，于是经氏过世后，蒋怀清娶了继室宋氏。宋氏也是一位贤良淑德的女子，懂得持家，待人也好，蒋梦麟在她身边没有受过一丝半点的委屈。可惜的是，宋氏在嫁入蒋家的第五年也病逝了。

虽然年幼丧母，父亲又娶了继母，但这些经历都没有在蒋梦麟的心中留下阴影。或许因为陪伴在他身边的一直都是些温柔体贴的人，所以在回忆童年的时候，蒋梦麟曾说，他所受到的家庭影响是良好而且健全的。

在蒋梦麟的生命中，对他影响最大的人还是他的父亲蒋怀清。这些影响包括为人诚实，生活节俭，与人为善，关心公益，乐善好施，严于律己，还包括赞同西方文明和重视新式教育。蒋怀清愿意让儿子们接受新式的教育，接触西方的文明，至于西方的一些风俗习惯，他不提倡，也不反对，交由孩子们自己决定，由此可见蒋怀清在子女教育方面的开明。

正是由于蒋怀清的开明，蒋梦麟才有机会在日后接触到自己感兴趣的东西，才会自然地去选择自己要走的路。虽然在这过程中，他也听到了许多反对的声音，但这些并没能对蒋梦麟产生什么影响。

4. 童年心未明

蒋梦麟的童年也与这里的孩子们相差不多，或许唯一的不同便是他不愁吃穿，不需要像其他农家的孩子一样，在农忙时节下田帮忙，或者帮助母亲做一些家务。更何况，他是蒋家最小的儿子，父母兄姐对他疼爱还疼爱不过来，怎么舍得让他去做那些粗重的活呢？于是，他便有了更多的时间去做他有兴趣的事，研究令他有兴趣的东西。

蒋村是一个传统气息浓郁的村庄，这里的人崇尚传统文化道德，提倡孝道，重视贞洁，将欺诈、偷窃、奸淫等行为视为极大的恶行。如果有人对父母不敬不孝，全村的人都会指责他，单是那些指责就可以让这个人无地自容，在村子里抬不起头来；如果有人为了获得利益采取欺骗行为，全村的人都会对其唾弃，这便是最重的惩罚。

蒋梦麟自小便从环境中接受到"为人子女要孝顺"的思想，虽然祖父母都早已过世，使他不曾有机会亲眼见到父母如何对待长辈，但从父母的言行之中，他却也能觉察出，父母对长辈的敬重和孝顺。哥哥和姐姐平日对待父母也是毕恭毕敬，这让小梦麟看在眼里，记在心中，将这份孝顺继承了下来。

在蒋村，婚姻靠的是"父母之命，媒妁之言"，男人丧妻后可再娶，女人丧夫后不可再嫁。若是再嫁，会被人斥责不守妇道，若是终身守寡，则会人人称赞，并在她死后立一座贞节牌坊。正因如此，蒋怀清年幼丧父后，他的母亲李氏便不得不一人支撑起整个家庭，而蒋梦麟年幼丧母之后，蒋怀清却可以续弦。

重视传统的地方总会设立祠堂，蒋氏的家庙又叫"四勿祠"。"四勿"原本出自《论语》中的"非礼勿视，非礼勿听，非礼勿言，非礼勿动"，而将蒋氏家庙称为"四勿祠"的蒋氏祖先却把这四勿改为"勿欺心，勿负主，勿求田，勿问舍"，以此来对蒋氏的后人进行道德规范。

传统的东西有其好的地方，也有其不好的地方。在传统道德规范下，人们可以拥有纯朴的思想和平静的生活，却过于保守也让人们无形中失去提升自己和改善生活的机会。蒋怀清意识到这一点，所以才会赞成孩子们去学习西方的文明，他也相信西洋人并非都是喜好烧杀抢夺的恶徒，其中同样有老实忠厚之人，孩子们接触西方文明，并不见得是坏事。

蒋梦麟的舅舅却不这么认为，在他眼里，只有坚持传统，才能让人走上正路。蒋梦麟的舅舅是一位非常传统的秀才，自小受的都是传统教育，他为人古板，却没有许多老顽固常有的那种暴脾气，整日斯文得体，书生气十足。

蒋梦麟的舅舅为了强调传统道德的重要，在书桌旁贴了一张大纸，纸上写着："每日清晨一支香，谢天谢地谢三光。国有忠臣护社稷，家无逆子闹爷娘。但愿处处田稻好，我虽贫时也不妨。"这是他的人生箴言，从这几句话中便可以看出，他崇尚敬祖敬天，希望家和子孝，国泰民安。

保守引发的另一个弊端便是迷信。在闭塞的小村庄里，总少不了对神明的信仰，或相信梦会给人以预示之类，比如蒋怀清在梦到有熊来到家中之后便认为妻子会生下男孩，就是当地人对梦的一种解释。村子里还相信人死后会经历轮回，生前坏事做得多了，来世一定会变成牲畜或者虫子，一世受苦。

蒋村的人也信神佛，蒋梦麟在自传中提到，村里的人没有宗教限制，信什么神的都有，大家都对自己信的神佛很虔诚，却也不干涉其他人信什么神佛。于是，在蒋村可以看到各种各样迷信的表现，这些迷信都是从几百年前延续下来的。

一些人生病后不去看医生，只知道烧香拜神，甚至认为只要心够诚，神仙就会让香灰变成万能灵药，病人服下香灰后就能痊愈。这种想法不知耽误了多少病人的治疗，严重的时候还会导致死亡，可是那些人仍然执迷不悟，认为是因为不够虔诚，香灰才没能起作用。

蒋村的人也犯过这种错误。有一次，村里人患上了疟疾，于是他们更加虔诚地烧香拜神，希望神仙能够让这种病离开村子，可是他们的祈祷全都没有用，病人症状没有丝毫减轻。后来，一些西方的传教士和在外经商的人路过这里，看到村里的情况，立刻知道发生了什么事，并将身边的西药给村民们服下，村民们才得以痊愈。

那个年代，生活在乡村的人们往往缺少文化，讲的故事也无非是些从祖上听来的，真假难辨的传说。然而对于正值好奇年龄的孩子们来说，这些故事无论真假，只要有趣，便足以吸引他们了。在听过的故事中，令蒋梦麟记忆比较深刻的有关于人类进化的故事，关于一名和尚的故事，以及一些关于太平天国的故事。

村里的一位老人告诉蒋梦麟，在几万年前，人类也像猴子一样长着长长的尾巴，尾巴共有十节，会随着年纪的增长渐渐变黄，变黄的节数越多，余下的生命就越短暂。那些长着尾巴的人被称为人猿，他们会根据自己尾巴的颜色变化判断出自己还有多少寿命，一旦发现自己快要死了，就会躲进窑洞里，在里面静静地死去。

关于和尚的故事则是说，一位武功非常了得的和尚在化缘时遭到了米店小徒弟的冲撞，于是他在对小徒弟鞠躬的时候暗自发功，使小徒弟受了极重的内伤。七天后，小徒弟得到一位好心拳师的搭救，捡回了一条命。为了防止和尚会来确认小徒弟的死亡，拳师让小徒弟假装出殡，在棺材里放上砖头，这才躲过一劫。

蒋梦麟在听这两个故事的时候都很投入，可是听完故事后，他的心里却产生了不同的感觉。他不喜欢那个和尚心存报复的故事，倒是对那个关于人类进化的故事有着比较多的兴趣。当老人对他们说，现在的人虽然没有尾巴，但是尾巴根还在，就在脊骨末端时，他和一起听故事的孩子们都不由得伸手去摸了一下。

蒋梦麟从村中许多老人口中听说，蒋村并不是一直都这样太平，多年前也曾经历过战乱。当年，太平军杀入村子时，大部分人都逃进了附近的山里，只有一些年老体弱，行动不便的人留在了村子里。结果，太平军在村子里放了一把大火，烧毁了几间房屋，也烧死了留在村子里的人。

太平军离开后，村民们返回村子，看到满目的惨状，不免心有余悸。按理说，村子里发生了这样的事情，村民们应该怕了，不想再留在这里了。可即使这样，村民们还是没有丝毫离开的打算，他们修整了房屋，打扫干净庭院，安葬了死去的村民，然后继续在这里生活了下去。

等到蒋梦麟再长大一些，开始对人情世故有些了解之后，细心的他突然发现，那些特别喜欢提起太平天国时期的事情的人总是同一些人，听起来，他们对政事很关心，可是一提到外面的世界和时事，他们就没有了兴趣。后来，蒋梦麟明白了，讲这些故事的人大多是曾经参加过太平军或清军的人，他们曾亲身经历过那些事情，所以每次讲起时都会有极高的兴致。

在参加过太平军的人中，有一位是蒋氏的族长。身为族长，不可胡言乱语，所以从他口中听说的故事有着较强的真实性。蒋梦麟曾在他那里听说过关于太平军吃人肉的事情，看着他不一样的眼神，蒋梦麟的心里有些害怕，可最后还是忍住害怕听了下去。

蒋梦麟在族长那里听到了许多关于太平军的事，他还记得那位族长对他讲，太平军每天都会对天父和天兄进行感谢和祷告，族长曾在一次祷告时开了几句玩笑，结果差一点被资历高一些的太平军成员砍了头，从此便再也不敢和太平军成员开玩笑了。

除了太平军的事情，村子里偶尔也有人会提几句外面发生的事，内容无非是中国的军队在战争中取得了多么了不起的胜利之类。长大之后，蒋梦麟才意识到，虽然这些事在当时听起来很有趣，但过后仔细想想，便知道这些事都是讲故事的人自己编出来的。特别是当他已经知道了外面的世界之后，再去回想当时听到的那些虚无缥缈的胜利，就更觉得可笑和可悲。

了解过蒋梦麟的生平后，一些人会庆幸蒋梦麟没有一直生活在这个保守闭塞的小村里，认为若真的如此，他或许也会变成和当地村民一样，头脑守旧落后，只知村内事，不知外面光阴。其实不然，童年的生活环境虽然会对一个人产生一定的影响，却也不是那么绝对。

在蒋怀清的身上，我们能够看到他对新鲜事物和知识的渴望，以及他对西方文明的兴趣和接纳，而蒋梦麟一生之中受到父亲的影响最多，那么他必然也继承了父亲这种性格，和渴望接触外面世界的念头。事实上也确实如此，几年后，那种渴望新知识，爱动脑，爱研究的特性越发地在蒋梦麟的身上体现出来。

5. 渐敛顽童心

时光流转，岁月荏苒。一转眼，蒋梦麟也快到了上学的年龄。在当时的农村，孩子们想要读书，只能去家塾。孩子们进入家塾的年龄并不太统一，对于家境较好的孩子来说，年满 6 岁就可以去上学，而对于家境不太好的孩子来说，则有可能到了 7 岁或 8 岁，甚至年龄更大之后才有机会和其他孩子一起念书。

5 岁的蒋梦麟告别了无忧无虑、自由自在的童年，走进了家塾，成为班上最小的孩子。

平日里，人们常听说的是私塾而非家塾，其实，家塾也是私塾的一种，因为这些私塾的形式都是由富贵人家将老师请到自己家中，开堂授课，教的孩子不是自家孩子就是亲戚家的孩子，所以又被称为家塾。蒋家作为当地首富之家，开设一家家塾自然没什么可意外的。蒋梦麟的三位哥哥早已在家塾中读书，并且读得很不错，这也是蒋怀清将蒋梦麟过早送入家塾的一个原因。

家塾里教授的东西大多是些应付科举考试的功课，最多加些富家子弟将来做生意时可以用到的算学知识，非常枯燥无趣。而且进入家塾后，孩子们就必须收敛起好动的天性，乖乖地坐在小板凳上，听着教书先生嘴里冒出的"之乎者也"，跟着先生摇头晃脑地读书，或端正地抄写那些儒家经典，这些事情对于正值活泼好动时期的孩子们来说，无疑是种折磨。

由于都是在家中教学，家塾里的学生人数一般不会超过 10人。又由于先生的任务重在监督孩子们学习，所以除了诵读和背诵的时间，家塾里一般都是极其安静的。先生很少说话，即便说，也是针对学习内容而说的。

在家塾里，各年龄段的孩子都坐在一间教室里，由同一位先生看管，却不会同时接受先生的教学。先生有时会走到个别孩子跟前，检查他的作业，问他一些问题。孩子们在抄写中遇到疑问，也可以向先生请教，先生便会走到他们身边，对他们进行个别讲解。

每一天，先生都会端坐在教室前面，一脸严肃，孩子们则坐在各自的位子上，一遍遍抄写那些他们还不太懂得或一知半解的字句，若是有人想要偷懒或调皮，先生定会给他点苦头吃，若是有人在背诵时忘了词，也会受到先生的惩罚，所以孩子们对先生总存着一些敬意和惧怕。

由于个子还太小，书桌又太高，蒋梦麟第一次爬上自己的座椅后，怎么都够不到书桌的桌面。为了解决这个问题，他的父亲为他特制了一个木头架子，并给他配了一把专用的竹椅，然后将竹椅放在架子上，这样他便能够和其他孩子一样，趴在桌子上读书写字了。谁知座椅垫高后又出现了另一个问题，蒋梦麟每次爬上座椅后，两只脚只能悬在座椅边上，够不到地面。不过随着蒋梦麟渐渐长大，这些问题也就不再是问题了。

进入家塾后，蒋梦麟最先学的是《三字经》，这是当时所有私塾为新入学的孩子们安排的必修课。于是，蒋梦麟便开始整日沉浸在"人之初，性本善。性相近，习相远"的世界里。起初，他还不知道这些话是什么意思，只能按照先生的要求一遍又一遍地阅读和背诵，因为先生曾告诉他，"书读百遍，其意自见。"意思是只要多读，自然会明白其中的意思。

儿时的蒋梦麟是个活泼好动的孩子，在这种扼杀灵性和天性的环境中自然是待不住的。于是有一天，他趁着先生没有注意，偷偷地逃出了教室，回到了家里。用他自己的话说，当时的他就像"一只挣脱锁链的小狗"一般，一溜到家，他就立刻躲到了最疼爱他的母亲那里。

母亲经氏见到蒋梦麟突然在上课时间跑回家，神色匆匆，心里感到很意外，不知道发生了什么事。她将蒋梦麟温柔地抱在怀里，问他："你怎么跑回家来了，孩子？"母亲的怀抱让蒋梦麟感到安心，刚刚逃课时的紧张和害怕也渐渐得到了平复，于是蒋梦麟委屈地告诉母亲："家塾不好，先生不好，书本不好。"

经氏听完蒋梦麟的理由，笑了。她本以为蒋梦麟在家塾里发生了什么事，原来只是因为孩子心性，受不了家塾里的氛围才逃出来的。经氏笑着问蒋梦麟："你不怕先生吗？他也许会到家里来找你呢！"蒋梦麟自然是怕先生的，不然他也不会一溜出来就直接奔到母亲怀里，可是当母亲这样问他时，他却还是表现出不在意的样子。

"先生，我要杀了他！家塾，我要放把火烧了它！"蒋梦麟急切地说。虽然他在说出这些话的时候还只是个小孩子，还没有意识到要打破旧式教育制度，更没有想过要开展新教育，但是从这两句话中，就已经可以看出他自小对旧式教育的不喜欢，也可以看出他对自由教育和兴趣教育的渴望。

蒋梦麟曾在自传中将他初入家塾那几年的生活比作在监狱中的生活，他认为，监狱和家塾之间只有一个区别，那就是监狱里的犯人没有希望，而家塾中的孩子们却有着极高的希望，都希望自己经历过十年寒窗之后，能够金榜题名，光耀门楣，入朝为官，光宗耀祖。

经氏深知蒋梦麟的个性，她没有马上强行要求蒋梦麟回到家塾，也没有训斥他，甚至连向他强调读书有多重要的话都没有说。母亲的温柔让蒋梦麟的情绪渐渐安静了下来。然而，经氏并不是真的就赞成蒋梦麟再也不去家塾，第二天一早，她让奶妈去蒋梦麟的房间里叫他起床，并对他进行了好言劝说。

一觉醒来，蒋梦麟已经不像前一天那样气愤和别扭了。他一向是个吃软不吃硬的人，在奶妈的好言劝说下，他还是同意回到家塾，继续读书。进入教室时，先生看了他一眼，没有说话，好像什么事都没有发生一样，其他孩子却对他做着鬼脸，那意思明显是"不要装了，我们都知道你昨天逃学了"。蒋梦麟不喜欢那些孩子，所以假装没有看到他们的挑衅。

在先生的带领下，蒋梦麟重新拿起《三字经》，跟着先生一起念"人之初，性本善。性相近，习相远"。蒋梦麟读书的声音很大，虽然他已经能够将这几句读得很熟，可是他仍然不明白这几句话说的是什么意思，先生也没有就这些话进行具体的解释。在反复的诵读中，半天的时间过去了，终于到了午休时间，蒋梦麟也终于能够出去透一透气了。

午饭时间，孩子们都会回到各自家中，那段时间里，蒋梦麟最喜欢的就是这段时间，因为只有这时他才可以摆脱家塾中的压抑气氛，摆脱那些枯燥无味的古文古句，好好地放松一下。可是午休时间有限，吃完饭后没多久，他就又要回到家塾里，继续重复同样的事直到太阳落山。

先生一直相信，孩子们只要将这些东西牢牢记在脑子里，等他们长大之后，自然就会明白其中的意思。所以在诵读课文的时候，先生对孩子们的要求格外严格。先生要求孩子们在诵读时要"三到"，即眼到、口到和心到，不但要看，要大声读，将读的东西印在脑子里，还要用心，将注意力全部集中在所看所读的东西上，这样才能避免读错字，并且真正记住。

先生非常严厉，一旦发现有学生背诵不流利，就会要求他重新去读，去抄写，这种诵读和抄写往往以百遍来计算。如果一个学生总是背不好，又碰巧先生的心情不好，这个学生的头上就会多出几个被先生用戒尺打出的包。这种惩罚被学生们称为"吃栗子"，因为头上被打出的包一个个凸起着，形状好像栗子。

时间就在不断诵读、抄写和背诵那些不明其意的古文中过去了。最初的几年里，蒋梦麟完全靠着一些激励的话语让自己坚持学习。他时常告诉自己，所有知名的学者都曾有过相同的经历，都曾这样苦读多年，才有了日后的成就。所幸的是，在家塾读了几年书后，先生也开始向他解释课文的意思，使他渐渐明白了那些儒家经典中宣扬的东西，并从中发现了一些可取之处，比如立身处世的方式和做人的道理。

凡事有利也有弊。成年后，蒋梦麟虽然发现了旧式教育中的种种缺点，如不能启发孩子的理想，不能激发孩子真正的兴趣，教学形式过于模式化，教学内容过于枯燥等，同时他也发现了这种教育之中的一些有利之处，因为正是这种学习模式磨炼了他的心性，让他养成了十足的耐心和认真做事的态度。

世事皆有因果，蒋梦麟如果在儿时不曾去过家塾，只是随着自己的性子去玩，去研究，或许他成年之后也难以安下心来钻研某一门学问，有可能研究一半便被另一件有趣的事情吸引过去，使研究半途而废。可以说，他日后的成功与他童年时期接受的教育和培养成的性格不无关系。

6. 天性难泯灭

家塾中的日子是单调的，也是寂寞的。现在的小学校里除了文化课外，还会开设许多其他课程，如体育课、音乐课、劳作课、美术课等。而在家塾中，这些课程都是不存在的，不但如此，孩子们在家塾中不可以有一点违反"规矩"的行为，即使是最普通的跑跳，或者大声说话都不可以。

家塾里的所有规矩都是先生定的，先生说没有休息日，便没有休息日。于是孩子们便盼望节庆日的到来，因为一到节庆日，家塾就会放一整天的假，新年的时候，假期会更长一些，大概一个月左右。节庆日和新年并不总有，其他的时间里，孩子们便期盼着阴历初一和十五，因为每逢这两天，先生会给他们放半天假，虽然只有半天，对于他们来说也是难得的休息。

家塾中的规矩很多，家塾中的先生很严，可即便如此，也没能完全压制住孩子们活泼好动的天性。而且，对于小孩子来说，越是用力压制他们的天性，他们就会越渴望自由，渴望玩耍，渴望活动。所以，每逢先生不在教室时，孩子们便立刻活跃起来。

孩子的思维和成年人不同，对于他们来说，很多东西都可以成为他们的玩具，很多在成年人眼中看起来"幼稚""无趣"的事情，在他们眼中却是无比有趣的游戏。活泼好动的天性使孩子们总能想出好玩的事情，并让自己乐在其中。现在的孩子拥有了更多的玩具，身边充斥着各种各样的新鲜物件，这些物件无疑让他们的生活变得更加丰富，却也无形之中阻碍了他们的创造力和想象力。

在蒋梦麟的童年时代，孩子们玩的游戏有很多种，比如他们会把所有的书桌拼到一起，假装那就是一个大戏台，然后爬到戏台上唱戏。都是些小孩子，自然不懂得戏要怎么唱，只不过模仿着大人的模样在"戏台"上走来走去，哼哼呀呀，或者模仿武生的动作，在上面比画几下。椅子和板凳也成了他们的道具，虽然道具简陋，他们却玩得不亦乐乎。

孩子们的调皮，先生虽然没有见到，但想必多少也能猜到一些，只是既然没有亲眼见到，也就不去过多追究了。只是有一次，孩子们趁先生不在又调皮起来，玩起了"摸瞎子"的游戏。轮到蒋梦麟当瞎子时，先生却突然回来了。

其他孩子看到先生回来，害怕先生处罚他们，都马上从教室里溜了出去，只剩下蒋梦麟一人。蒋梦麟被蒙着眼睛，什么都不知道，他继续四处摸索着，想要抓到其他的孩子。突然，他感觉自己碰到了一个人，于是一把抓住了对方。直到他开心地摘下蒙眼睛的布后，才发现被他抓住的人竟然是他的先生。看到先生生气的模样，蒋梦麟吓得差一点昏过去。

许多年后，再次回想起当时的情景，蒋梦麟仍然心有余悸，他记不得当时先生具体的反应，却记得自己当时着实被吓得不轻。这无非是因为当时的家塾和先生给他留下的都是些严肃、古板、威严的印象。在那个年代，先生就是私塾中的权威，哪有孩子在触犯过权威之后还能保持内心平静的呢？

在教室里偷偷玩耍虽然能够暂时缓解枯燥的家塾生活，却总要提心吊胆，更何况曾经发生过冒犯先生的事情。相比之下，蒋梦麟更喜欢放学之后的时光，只有走出家塾，他和同伴们才能真正开心自在地玩耍：春天，他们可以去放自己动手制作的风筝；夏天，他们可以去河边捉萤火虫玩，或坐在树下听老人们讲故事。这些都好过在家塾中苦背课文。

童年时期的蒋梦麟"喜欢玩，喜欢听故事"，"喜欢打破砂锅问到底"。比起老老实实坐在那里看书，他更喜欢亲自去观察那些令他好奇的现象，亲手触碰那些令他好奇的事物，亲自去理解那些令他好奇的事情，然后让得到的结果深深地印在脑海里。对于他而言，通过这种方式获得的知识要比在家塾中学到的知识有趣得多，扎实得多。

在其他孩子眼中，蒋梦麟的一些表现显得有些奇怪，虽然他平日很淘气，读书时也总坐不住椅子，可是他却会一动不动，饶有兴趣地观察捕食中的青蛙，观察水中游来游去的水禽，观察树上的虫子，多久都不觉得闷。

生活在乡村的许多孩子都曾捉过虫子玩，蒋梦麟也不例外。和其他孩子不一样的是，其他孩子单纯只是为了好玩，他却能时常在玩中发现问题，进行研究。有一次，他在皂荚树上发现一种甲虫，这种甲虫的头上长着角，而那角的形状和皂荚树上的刺竟然一模一样。这一惊奇的发现让蒋梦麟感到很兴奋。

蒋梦麟将自己的发现告诉其他人后，有人说，这些甲虫本来就是从皂荚树上生出来的，和皂荚树长得像有什么稀奇。蒋梦麟听完，觉得这个人在胡说，他认为如果这个人说的话是真的，那么甲虫和树就成了同一种生物，只要把甲虫产下的卵种到地里，就能够长出新的皂荚树了。可是事实证明，甲虫的卵并不能种出皂荚树，所以这个人一定在胡说。

小小年纪的蒋梦麟已经开始有了辩证的思想，为了确定甲虫和皂荚树之间是否有关系，他决定亲自观察它们。终于有一天，蒋梦麟发现一件事，虽然经常有鸟飞到皂荚树上找虫子吃，但是鸟却总也不吃那些长角的甲虫。这个发现让他恍然大悟，他终于明白，这些甲虫之所以会长有树刺形状的角，为的是保护它们不被鸟发现并吃掉。

蒋梦麟曾说过，他在童年接受的教育主要来自三方面：一方面来自家塾里念的古书，一方面来自从村中老人们那里听来的各种故事，还有一方面就是来自对自然的粗浅研究。关于对自然的粗浅研究的故事，其一就是上面所提到的，对甲虫和皂荚树之间关系的研究，其二则是对村里人用稻草包裹柏树以消灭寄生虫行为的研究。

在当时，村子周围长了不少柏树，这种树也被人们称为"蜡烛树"，因为人们可以把树上结出的柏子榨成油，并用这些油制作出蜡烛。每到冬季，这种树就很容易被寄生虫摧残，为了避免这一情况，村里人想出一个办法，在冬季用稻草包裹住柏树的树干，等到了春季再把稻草摘下烧掉。

村里人把这种方式看作一场仪式，因为确实有效，所以关于这种仪式能够避免寄生虫的原因也被传得越来越玄，很多人都认为，这样做能够召唤出一种神秘的力量，是这种神秘的力量保护了柏树。可是蒋梦麟在仔细观察后却发现，摘下来的稻草上有许多虫卵，于是他立刻明白了真正的原因。

原来，村民们用厚厚的稻草包裹住树干后，寄生虫碰不到树干，便只能将卵产在稻草上，而村民们摘下稻草后，虫卵也就一起被摘下。村民们把摘下来的稻草点燃烧毁，其实就等于把虫卵烧毁，这样一来，寄生虫无法出生，自然也就无法伤害到柏树了。就是这样一个简单的道理。

正如蒋梦麟自己所说的，这些研究都是对自然非常粗浅的研究，可是在当时，愿意这样做的人却少之又少。大多数的村民宁愿相信许多事情都是在大自然的神秘力量作用下发生的，这便是那个时代村民们一贯的愚昧。不但如此，当时的先生们也认为蒋梦麟这种喜欢研究的个性是种"祸",必定会影响他的学业,影响他的前途,谁也没有想到,正是这些先生们眼中的"祸",让蒋梦麟在日后因"祸"得福,成为伟大的教育家。

7. 出村求新知

蒋梦麟在家塾中读书时,蒋怀清曾问过他对未来的打算。是参加科举还是从商?虽然从商可以发财,也有更多机会接触到那些新奇的洋货,新鲜的洋事,这些理由都对蒋梦麟有着一定的吸引力,可是他最后还是选择继续读书,然后参加科举考试,毕竟在当时的社会阶层中,为官之人最尊贵,而从商之人的地位是最低的。

得到儿子的答案后,蒋怀清没有感到意外,因为在这之前,蒋梦麟的两个哥哥已经决定步入仕途,并在一年前进入了绍兴府的中西学堂读书。既然蒋梦麟和他的哥哥们有着相同的打算,蒋怀清便把他也送到了他的哥哥们所在的学堂。

在当时,蒋梦麟决定继续求学,主要的原因是他将求学视为进入上层社会的唯一途径。自小他便在许多读书做官的人家中看到过金灿灿的匾额,也看到平日里人们都会对这些人家表现出格外的尊敬和羡慕,从那时起,他便认为,做官是件好事,是件能够让全家人都高兴,并得到其他人尊敬的好事。

后来,随着年龄的渐渐增长,蒋梦麟对外界也越来越好奇,当官可以走出村子,去那些繁荣的大城市,还能去京城,便成了促使他学习的另一股动力。一想到自己这样一个乡村长大的孩子以后能有机会进入皇宫,与皇帝面对面交谈,蒋梦麟就不由得感到激动。

　　蒋村是余姚的一个村子，余姚又属于绍兴府，从这种所属关系上便可知道，绍兴比蒋村大出不知多少倍，繁华多少倍。至于绍兴中西学堂，用现在的话来说，算得上是当地的重点学校，规模也比较大，学堂里分为三斋，分别对应现在的高小、初中和高中。

　　进入新学堂后，一切都让蒋梦麟感到新奇，最让他惊讶不已的是学堂里教授的课程。中西学堂里不但教授传统的国文、历史和经书，也教授地理、自然科学等西方学科，这些西方学科都是他在家乡无论如何都学不到的东西。

　　学堂里还开设了外语课，学生们可以根据自己的兴趣选择学习英文、日文或法文，只不过师资力量不是很雄厚。教蒋梦麟英文的老师是位发音非常不标准的中国人，以至于蒋梦麟后期为了改正错误的发音花费了大量时间和精力。

　　虽然学堂的一些方面并不完善，但不可否认，这里确实让蒋梦麟学到了很多新的知识。进入绍兴府中西学堂后，蒋梦麟彻底不再相信那些儿时从村民那里听来的传说和传言。

　　上了中西学堂后，蒋梦麟脑子里那些旧观念和认识开始一点点被新的知识所替代，整个人的思想也变得新了许多。他不再相信天会下雨是因为天上的龙在喷水，不再相信下雨前的打雷和闪电是雷公电母一手造成的，不再相信人间会有火是因为火神向人间播撒了火种。随着头脑中关于神的形象一个个瓦解，蒋梦麟与现代科学也离得越来越近了。

　　在蒋村的时候，蒋梦麟经常从村民口中听到一些有关神仙鬼怪的故事。他还记得村民们给他讲过一个关于"水鬼"的故事，说有一段河岸的附近有"水鬼"，"水鬼"会将靠近的人拖入水中淹死。后来，又有几个水性比较好的人在同一地点"遇害"，关于"水鬼"的传说便越传越真，有人甚至说曾在夜里看到过坐在桥头的"水鬼"。

可事实又是怎样呢？其实，那片"水鬼"出没的河岸边有一棵古老的柳树，那些人是因为被水里的树根缠住了腿脚，最后才淹死的。渐渐地，蒋梦麟长大了，发现了事情的真相，才知道很多被村民们口口相传的灵异事件都只是想象出来的，一切都只因为他们不懂科学，才会将一些无法解释的事情冠以鬼神之名。

蒋村的人相信鬼神之说，认为巫婆能够让死去的人的灵魂附在自己身上，借着自己的身体与世间的人交流。儿时的蒋梦麟也曾因思念过世的母亲，找到巫婆，请巫婆让他和母亲说说话。至于具体的情形，蒋梦麟则用了"惊心动魄"四个字来形容。

据蒋梦麟回忆，巫婆在向大家证明自己已经被鬼魂附体前，耳朵会连续抽搐三次，紧接着，便会压低喉咙，用一种类似于猫叫一般的声音讲话，那声音听起来十分诡异，却也让听她说话的人更加相信此时面前的人已经被鬼魂上了身。

在知道了世间没有鬼神之后，蒋梦麟便不再相信巫婆能够招魂的说法。长大之后，接触到一些关于心理学的知识，蒋梦麟更加明白巫婆能够让听话的人相信她们真的被鬼附体，不过是运用了一些心理学的技巧。虽然她们本身并不明白心理学，却非常擅于察言观色，能够根据听话者的反应判断出自己是否说中了他们的心思，一旦正中对方心思，她们就会将话讲清，以得到对方的信服。

对于蒋梦麟而言，绍兴中西学堂的学习生涯在他一生之中都有着重要意义，虽然他在这里就读的时间并不算太久，只有两年，但是这两年的学习生涯却大大开阔了他的知识面，让他明白地球是圆的，闪电是阴阳两种电极碰撞而形成的，天会下雨是冷空气凝结导致的。他还明白了日军能够在中日战争中取得胜利，主要靠的是他们从西方引进的技术和武器。

绍兴中西学堂对于蒋梦麟的另一个重要意义，是令他有机会结识了蔡元培。在蒋梦麟的记忆中，蔡元培是位"日常性情温和，如冬日之可爱。无疾言厉色，处事接物，恬淡从容"的人。

1898年6月11日至9月21日，光绪皇帝领导维新派成员发起了戊戌变法运动，试图在保护清政府的前提下发展资本主义，并提出要废除科举制度。随后，慈禧太后发动了戊戌政变。结果，这场历时103天的变法运动最后失败了，并以谭嗣同、康广仁、林旭、杨深秀、杨锐、刘光第6人被杀而告终。而科举制度也没有被废除，继续延续了下来。

在这段时间里，担任翰林院编修职务的蔡元培看透了清政府的所谓改革，并对此感到寒心，于是他离开了朝廷，回到了家乡绍兴，打算在这里开展新式教育，培养人才。回到绍兴后，他所担任的第一个职务便是蒋梦麟所在的中西学堂的校长。

蔡元培担任校长后便发现了学堂之中的不足，于是他立刻加强师资建设，聘请国内外专业人士来学堂教书。不出一年，中西学堂便一改之前的情况，成为在全国同类教育机构之中名列前茅的学堂，并培育出许多后来成为教育界新秀的高才生。

虽然从各种资料上来看，蒋梦麟与蔡元培在中西学堂的接触并不算太密切，仅仅是一般的师生关系。但蔡元培毕竟是当时的校长，又曾亲自教授过蒋梦麟，所以不难推测出，蒋梦麟能够在中西学堂学到"师夷长技以自强"的思想，开始意识到科学的重要性，都与蔡元培不无关系。

自古以来，老师们总是特别喜欢那些学习成绩优异的学生，无论他们是因为天资过人，还是因为后期刻苦，只要他们在学业上取得了优异的成绩，老师就会对他们赞扬不已，也会对他们格外关照。

也许因为中西学堂的课程内容大多还是以记忆为主，而蒋梦麟又不擅长记忆，对那些需要死记硬背的东西也没有太大兴趣，所以在中西学堂的两年里，蒋梦麟的学习成绩一直平平，也没能引起老师们的关注。

当时教过蒋梦麟的老师们都不太看好他，对他的看法也和当初的家塾先生一样，都认为这个学生长大后不会有太大的出息。不知那些老师在得知蒋梦麟成为一代优秀的教育家时心中是何感想，是惊讶，或是怀疑，或是不解。

就蒋梦麟自己而言，老师们的评价让他对自己的未来也有了点担忧，虽然想着能够考功名，入仕途，可是自己的成绩并不出类拔萃。然而即使如此，他也没有改变他一贯的学习方式，仍然着重于理解而非记忆，这不得不算一件值得庆幸的事。

第二章　求学之路步履艰

1. 辗转成长时

学校放假后，蒋梦麟回到了蒋村。接触过外面的世界后，再看蒋村，便心生出些许感慨。在中西学堂的两年学习生活让蒋梦麟接触到了科学，也意识到村里的落后。虽然由于不时有传教士经过，村子里也渐渐多了许多"洋货"，可是人们喜欢这些洋货只是因为它们用起来方便，没有人去在意这些东西的原理。

回到蒋村后，蒋梦麟只度过了短暂的平静时光，紧接着，一场前所未有的灾难打破了这份平静。江边的堤坝被冲毁，巨大的洪水席卷了整个蒋村以及周围的几个村庄。由于通报来得及时，蒋村的村民们都及时逃到了安全的地方，没有人员伤亡，可民居和田地却因为无法移动，只能惨遭洪水的侵袭。

在几个村子的村民共同努力下，堤坝终于被修补完毕，之后又过了一星期，洪水终于全部退去，可村民们的生活却无法恢复到之前的状态了。家家户户皆是一片狼藉，田地里的庄稼也尽毁，这对于蒋村的村民来说，无疑是重大的打击。

蒋村虽然只是一个小村，但村民们能够自给自足，所以生活一直很安逸。如今，一场洪水破坏了村民们赖以生存的环境，也带走了村民们大量的食物，这已经让村民们一时之间难以承受。然而，村民们没有想到，还有更糟的事情在等着他们。

又过了一个星期，一艘大船载着许多人向蒋村驶来。大船靠岸后，船上的人在一个身材魁梧的人的带领下跳下船，将蒋村的各家各户包围起来，声称要向村民们"借"粮。村民们刚刚经历了一场浩劫，自然不肯将仅存的粮食"借"出去。领头的人见村民们不肯，便带着手下去搜粮仓，村民们虽然不情愿，可是由于害怕，也没有人敢上前阻挡。

领头的人搜到了粮食，却并没有直接拿走，他一再声明他们并不打算抢，只是"借"，希望村民们可以同意他们的请求。村民们觉得领头的人看起来还挺讲理，渐渐放松了防备，并选出一名村民代表与领头的人商谈，最后，村民代表与领头的人谈妥，将一大部分粮食"借"给了那些人。

村民们以为，那群人既然只是"借"，那么过阵子自然会还，所以那群人走后，村民们还是照样过他们的日子。谁知没过多久，其他的村子里也遇到了相同的情况，并且当这些人再次出现时，已经俨然一副强盗模样，之前看上去"讲理"的样子已经完全消失了，此时村民们才明白，之前"借"出去的粮食再也收不回来了。

由于乡村没有足够的武力和兵力，也无人能与强盗们对抗，强盗们的行为越来越猖狂。除了谋财，他们还开始害命。强盗们听闻孙庄有一位靠承包洋行工程发家的孙姓富商，家财万贯，于是在深夜闯入富商家，抢走了所有值钱的物品，不仅如此，他们还将这位富商装在麻袋里，投入了河中。

蒋怀清得知孙姓富商遇害的事情后，心里格外紧张，虽然他从不像孙姓富商那般炫富，可蒋家的家底在当地也是数一数二的，强盗们迟早会打听到。更何况，他曾在洪水过后出资为村民们购粮，若是这件事传到强盗们的耳朵里，难保他们不会找上门来。家产不保事小，孩子们的性命不保事大，考虑再三，蒋怀清决定带着全家搬去上海。

上海对于蒋梦麟而言又是另一个新鲜的地方，他在这里第一次见到了电灯，第一次见到如同白昼一样的深夜。他还在这里看到了许多金发碧眼的洋人，他们或穿着笔挺的西装，或穿着华丽的洋服，高昂着头，走在上海的街道上，仿佛对看到的一切都不屑一顾。

虽然衣着华丽，看起来十分高贵，蒋梦麟却对这些洋人一点好印象都没有。虽然在这之前，他也曾佩服过洋人能够从科学的角度解释许多生活中的现象，能够发明出蒸汽机，能够造出父亲怎样努力都造不出的轮船，但当他看到洋人眼中流露出对中国人的轻视后，他对这些人的感情便变得复杂了。

蒋梦麟亲眼见到那些洋人是如何对待中国人的。他们让中国的巡捕手持木棒守在他们住所的外面，不许任何中国人进入"他们的领域"，虽然"他们的领域"本就是中国的领土。在他们眼中，中国人的地位还不如一条狗，他们甚至在外滩公园的门口挂上了"犬与华人不得入内"的牌子。这些都刺痛了年仅13岁的蒋梦麟的心。

在蒋梦麟的眼中，这些洋人简直是"半人半鬼的怪物"，他们懂得发电，懂得许多先进的技术让他们看起来好像无所不能的神，他们给中国带来的种种灾难和耻辱，以及他们对待中国人的态度又让他们看起来好像邪恶的魔鬼。

蒋梦麟对洋人有着复杂的感情，憎恶归憎恶，他并没有因此而排斥一切与洋人有关的东西。虽然讨厌洋人对待中国人的态度，也憎恶洋人将鸦片带入中国，并在中国掀起了一系列的战争，但他也知道，洋人那里确实有值得中国人学习的东西。

刚到上海时，为了让蒋梦麟继续学习英文，蒋怀清把他送入了一家天主教会学校，可惜的是这家学校的英文教师是位法国教父，所教授的英语带有浓重的法国口音，于是蒋梦麟仍然没有机会学习到纯正的英语。所幸蒋梦麟并没有在这所天主教会学校待太久，所以没有受到法式英语的太多影响。

上海虽然繁华，可能让蒋家兄弟们读书的学校却十分难找。无奈之下，蒋怀清决定将儿子送到洋人家中学习英文。为了节约开销，蒋梦麟将次子蒋梦桃送到了一位美国太太家，并吩咐蒋梦桃回家后将学到的英文教给蒋梦麟，于是，蒋梦麟又开始依靠接受二哥的家教学习英文。

19 世纪末期，山东、河北一带出现了一支名为"义和拳"的组织。1899 年，"义和拳"更名"义和团"，提出了"扶清灭洋"的口号，并不断发起起义，却遭到了慈禧太后的强烈镇压。1900年夏，八国联军的侵华战争引发了义和团运动的高潮，义和团决定捣毁一切洋货，杀光所有洋人，连使用洋货的人也不放过。

蒋怀清得知这一消息后，十分担心战事会蔓延到上海，于是带着全家人从上海回到了蒋村。可是回到蒋村后，蒋村的强盗仍然猖狂，村里仍然不得安宁，蒋怀清又不得不带着全家迁到了余姚城里。

到了余姚，蒋怀清将蒋梦麟送入一所学校学习英文和算术，并为他请了一位教中文的家教。这样的日子过了大约一年后，蒋梦麟已经 16 岁。在清朝，16 岁的男孩子已经是成年人，可以成家，并从父辈手中接过家业，照看生意，可是蒋梦麟的志向不在经商，而在求学，他的心中仍然将考取功名，光耀门楣视为自己努力奋斗的目标。

辗转几年，从蒋村到上海，从上海到余姚，蒋梦麟没有过上多少时间稳定的日子，也一直没机会接受正规系统的教育。他获得知识的方式仍然是依靠自己对新奇事物的好奇心，以及他天生喜欢钻研的性格。可无论如何，他确实错过了一个孩子适合接受教育的最好年龄，而导致这一情况的主要原因都是由于当时的环境。

蒋怀清心里并不是一点感触都没有。当初，他带着全家一次又一次迁移，为的是保家人平安，而如今，他也意识到，在不断的迁移中，蒋梦麟已经错过了许多学习的大好时光，如果继续这样下去，蒋梦麟的学业就会受到更大的干扰。为了不影响蒋梦麟的学业，他同意蒋梦麟前去杭州继续求学。

蒋梦麟只身离家，前往杭州。一心求学的他不知道到了杭州会有什么样的人和事等着他，但是他乐观、阳光、积极，他相信未来会是美好的。从这一时刻起，蒋梦麟真正开始迈向他人生之中第一个重要转折点，正是因为去了杭州，他才有机会更多地了解西方文化，更加开阔自己的眼界，并让自己的思想随之发生转变，从一个小村中的懵懂少年成长为一个有头脑，有思想的进步青年。

2. 少年志气盛

到达杭州后，为了学好英语，蒋梦麟进入了一所教会学校。这所教会学校的校长是位美国传教士，能够讲一口标准的美式英语，相比起蒋梦麟之前学到的中式英语和法式英语，这里学到的英语相当地道。然而，这位校长的文化水平并不高，除了标准的英文发音，他几乎不能教给学生们任何有用的知识，因为他在做传教士之前只是一位普通的木匠。

传教士们总会将传播教义当作自己的使命，并不遗余力地去进行推广和传播。由于教会学校多是传教士创办的，而传教士们的主要任务是传播基督教或天主教，所以在教会学校中，号召学生们信仰上帝或圣母玛丽亚自然是最重要的教学内容。在蒋梦麟就读的这所教会学校中，校长将《圣经》作为学校中唯一的教材，除了《圣经》，学生们没有其他的课本。

教会学校中的学生们每天早上都需要做礼拜，唱赞美诗。吃饭前，他们也需要和所有信徒们一样祷告，感谢主赐予他们的一切，然后才可以用餐。对于这些每天必做的仪式，蒋梦麟只是表面上随着大家一起去做，心里却从未认可过，而且，他非常排斥这些东西，对他而言，这种信仰和老家人们对鬼神的信仰没有什么区别，唯一不同的只有信仰的对象。

当校长努力地向学生们灌输着关于基督教的思想时，蒋梦麟将自己的心灵紧紧地闭合起来，在他心里，任何精神上的舶来品都不可以进入他的精神领域，何况他好不容易才彻底相信了世上没有神仙鬼怪，好不容易才学会从科学的角度看事情，他决不允许自己刚走出一个圈子，又进入另一个圈子。

蒋梦麟曾说，他从那时起便将自己定位为一个宗教方面的"不可知"论者，只求努力活在当下，无愧于心，只在乎自己在世的时候是否能够奠定下不朽的根基，而不去追求死后灵魂是否能够在世间长存。

在进入这所教会学校之前，蒋梦麟并不清楚这所教会学校的具体情况。他初到杭州，人生地不熟，又急于快些进入一所学校，于是选择了这里。而在这所学校里待了一段时间后，他便发现，这里其实是一所非常落伍的学校，没有能够教授真正学识的老师，连上课的教室都没有，上课的地方不是在鸽子笼一般的寝室里，就是在非常简陋的饭厅里。

校长宿舍虽然也并不是很气派，可在学生们眼中，那地方要比他们居住的地方好上太多倍，于是一些好奇心比较强的学生常常一有空就会去校长的宿舍附近徘徊，还会找机会溜进去看看。有一次，一名学生在校长宿舍附近遭到了一名教员的驱赶，并与教员发生了冲突，于是这名学生大哭起来，指责教员打了他耳光，要求大家还他一个公正。

学生们将此事报告给校长，要求校长开除打人的教员，校长却置学生们的请求于不顾，并声称，谁不喜欢这所学校可以马上离开。没想到，就在校长这句话出口后的两个小时内，学校里一下子变得空空荡荡，再也见不到一名学生。这便是令蒋梦麟更名的那场学潮。

在这件事发生之前，全国各地已经有许多学校的学生因为不满学校当局而爆发了同样的学潮，蒋梦麟和他的同学们所爆发的学潮既不是第一起，也不是规模最大的一起。上海的南洋公学早他们一年便爆发过这样的学潮，结果所有学生集体罢课，离开学校；之后，浙江省立高等学堂也爆发了这种全校学生集体罢课的学潮，这两起学潮的规模都比蒋梦麟他们这一起大得多。

全国各地都不断涌现这样的学潮，在社会上引起了极大的关注。社会上对于学潮的评价褒贬不一，有些人支持学生们的做法，认为学生们是对的，有些人则反对学生们的做法，认为学生们这种反叛的行为应当被制止和镇压。

　　这并不是单纯的学生运动，而是新兴知识分子对旧士大夫阶级的反抗，真正引发学潮的，是国民们内心的不安；导致这些不安的，是国民饱受的各种痛苦；而让国民饱受各种痛苦的根源，在于当朝政府的懦弱和无能。遗憾的是，在当时，没有人认识到这一点。

　　蒋梦麟心里清楚，学潮爆发的真正原因是学生们受到了"西潮"的影响，他们看不惯政府的懦弱和无能，看不惯政府在列强面前唯唯诺诺的样子，却不能直接去抗议政府，只好从学校开刀，让政府看到他们不愿忍气吞声，委曲求全的心。离开学校后，蒋梦麟和几名同学筹办了"改进学社"，希望能够将学社办大，可由于经费不足，学社不到半年就解散了。

　　学业还要继续，可是旧的名字已经不能用了，于是蒋梦熊改名蒋梦麟，并用新的名字注册了浙江高等学堂的入学考试。浙江高等学堂是由政府负担经费的高等学堂，是当时浙江省内级别最高的学府。其前身是"求是书院"，寓意督促在这里做学问的人一定要讲究实事求是。

　　之前提到过，浙江高等学堂也曾爆发过学潮，学生们都在学潮中纷纷罢课，离开了学校。在这之后，浙江高等学堂便进行了改组，对学校的课程安排，教学目标等都重新进行了规划。改组完毕后，浙江高等学堂开始重新招收学生，蒋梦麟就是在这一时期考入浙江高等学堂的。

　　改组后的浙江高等学堂延续了它的前身求是书院的一些传统，既教授传统文化，也教授西洋文化。学生们可以在这里学到有关自己国家的信息，也可以学到有关世界的信息。除了注重开阔学生们的眼界，力求让学生们接触到更多更好的知识外，学堂还大力宣传爱国意识，在校园中，随处可见一些宣传革命的小册子和书籍，以及一些与革命有关的杂志期刊，比如《新民丛报》《浙江潮》等，这些杂志都让学生们从中获得了许多革命的动力。

《新民丛报》是梁启超1902年于日本创办的，目的在于宣传《大学》中"新民"之意，号召人们摆脱封建奴性，提倡独立自由，要求人们积极向上，推翻封建制度，反对民主立宪制度。在刊物中，梁启超极力主张变法维新，对清政府的无能、懦弱和腐朽进行了严厉的抨击，他所写的每一篇文章对于当时那些对新知识有着强烈渴望的青年人来说，都有着极高的营养价值。

蒋梦麟读过《新民丛报》后认为，梁启超的许多思想都非常正确，并且梁启超能够用简明扼要的字句将许多新颖的东西解释清楚，让刚刚接触到这些信息的人立刻明白其中的含义，这也非常难得。蒋梦麟十分佩服梁启超的文笔，认为梁启超的文笔深入浅出，"简明、有力、流畅，学生们读来裨益匪浅"，并表示自己也受到梁启超的许多影响。

蒋梦麟称自己从梁启超那里获得了大量的精神食粮，让他这个从乡村走出的孩子第一次意识到，除了赶考和做官，自己还应该有更高一层的追求。

蒋梦麟小时候，在村里人那听来的都是些关于中国军队在战争中胜利的传言，村里卖的画片上画的也是些中国军队如何让外国军舰惨败的图画。他记得在一套关于甲午海战的五彩图中，有一张画的是日军的军舰被装满火药的夜壶击沉，还有一张画的是日本俘虏被套上了锁链，关进了笼子。

长大一些后，蒋梦麟自然知道那些画都是骗人的，可至于战争真实的情况，他还是不太清楚，他只知道清政府在一次又一次的战争中失败，把属于中国的领土一块又一块送了出去。在浙江高等学堂，他看到关于那些战争详细的记叙，也了解到那些事情到底是怎样发生的，结果又是怎样的。每了解过一件事情的真相，他都会深思，会反省。

进入浙江高等学堂后，蒋梦麟有一种眼前豁然开朗的感觉。之前，他就像一个在黑暗中摸索的人，偶尔看到一点点亮光就会急切地追过去，可是每次还没有追到亮光便消失了。亮光再次出现时，与之前的方向完全不同，他又只好快步朝新的方向追。如今，他终于确切地看到光亮所在的地方，他不需要再盲目，不需要再仓促，不需要再慌张。

在充斥着革命精神的校园氛围里，蒋梦麟渐渐发生了变化，他开始喜欢搜寻各种消息，对它们分析、研究，参加科举考试仍然是他生命中第一目标，却不再是唯一的目标。自此开始，他的人生迈入了一个新的阶段。

3.　不忍抑真心

时光如流水，一去不复还。在浙江高等学堂的日子，蒋梦麟一边学习先进的文化和知识，一边继续为参加科举考试做准备。终于，郡试的日子近在眼前，他也要准备动身了。

在科举考试的所有级别里，郡试的级别最低，举行的频率也最频繁，每年都有一次，考生需要到户籍所在地所属的府城参加考试，蒋梦麟的户籍所在地是余姚，所以他需要去绍兴参加考试。

绍兴与杭州离得不近，所以蒋梦麟在考试前几天便收拾好了行李，又请了挑夫与他同行。两人穿过校园，走出校门，穿过石板路和小巷，走上通往码头的便桥。上了船，过了江，下了船，乘上小轿。乘着小轿到达一处市区后，蒋梦麟从小轿上下来，又上了一艘船，这艘船才是最后能将他带到绍兴的船。

船上非常拥挤，挤得容不得人动一下，有地方可以躺下睡觉，却不能翻身。夜里，每个人都直挺挺地躺在那里，脸冲上，双腿并拢，两臂紧紧地贴在身体两侧，如同罐头里的沙丁鱼一般。稍微抬起一秒胳膊，便再也找不到可以放下的地方，稍微侧一下身体，便再也没办法平躺下去。

在这样的环境里，想要休息好是不可能的，第二天下船的时候，蒋梦麟感到身体十分僵硬，浑身都在痛。不过，此时的蒋梦麟已然顾不上这些，他下船后的第一件事，便是找一处能够暂住的地方。最后，他与一位制扇子的工匠商量好，暂时借住在这位工匠家中。虽然工匠的家又小又旧，空气中还弥漫着植物油的气味，可是至少他有了落脚的地方。

如今的人都讲究在考试之前保证充足的休息，无论平日里学习有多刻苦，考试前一天夜里一定要养精蓄锐。古时却没有这种说法，住进工匠家之后，蒋梦麟几乎每天都会读书到很晚。菜油灯的光线很暗，蒋梦麟很难借着这样的光线看清书上的小字，可是他仍然不肯休息，只想趁着考试之前尽量多看几遍书，让自己的心里多一点底气。

用蒋梦麟自己的话说，他是一个"有时候非常胆小而怕羞，有时候却又非常大胆而莽撞"的人。他说，自己的谨慎只是因为对自己没有自信，所以才会在做每件事情之前都犹豫再三，先探索一下前面的道路，如果确定能够行得通，才会向前行，如果无法确定是否行得通，或者面前摆有几条岔路，他就会感到迷茫，无法前进，索性坐在路边前思后想很久。

就这样，几天过去了，郡试的日子终于到了。凌晨四点，几千名考生焦急地守候在试院门口，等待自己的名字被点到，然后进入考场。入秋了，天气转冷，考生们冻得双手通红，不断期待快一点叫到自己，监考官却仍然慢条斯理地点着名字。监考官每点一个人，他身边的人便会拖着长音将那个名字唱出，并在有人应答后加以核实和确认。

为了防止作弊，考生在进入考场之前要被搜身，并且除了规定的物品，其余物品一律不得带入考场。考生进入考场后，要马上找到自己的位置坐好，不得随意走动，不得与其他考生交谈。试卷下发之后，考生要立刻作答，不得左顾右盼。

蒋梦麟那场考试的题目是写在灯笼上的，灯笼里面是蜡烛，外面是白色的纸和黑色的字，蜡烛点燃后，火光将灯笼照得很亮，也将题目照得很清楚。为了确保所有考生都能够看清题目，考场内会有专人提着灯笼在考场中间来回走上几遍，让所有的考生都看清楚题目写的是什么。

从进入考场到走出考场差不多半天的时间，这半天时间里，蒋梦麟的神经一直紧绷着，虽然考的内容他从小就学习过，并且这么多年来一直在复习，从未间断，可他还是免不了紧张。从考场里出来后，蒋梦麟逛遍了绍兴的各大书店，用读书来放松自己。

过了几天，榜单张贴出来了，蒋梦麟进入了复试。第一轮复试轻松通过后，第二轮复试比想象中还要简单，只要写一篇文章，再在被允许带进去的《圣谕广训》中挑出一段摘抄便可以。最后，蒋梦麟通过了全部的复试，成为一名秀才。

若是在几年前，考取秀才这件事一定能让他兴奋好久，可是此时，他的心中却似乎已经没有当初那种喜悦和兴奋了。或许是因为进入浙江高等学堂后，接触到越来越多新奇的东西，他的兴趣也发生转移，对入朝为官这件事也不再那么坚持了。

蒋梦麟考中秀才后，又回到了浙江高等学堂，继续学习代数、物理、生物学等西方学科。浙江高等学堂与蒋梦麟之前上过的学堂不同，这里不强调学生死记硬背，允许学生们靠理解来吸收知识，这一点深得蒋梦麟的心。这里的教员们也比较擅长教学，懂得启发学生，所以虽然学的功课比较难，蒋梦麟学起来却并不十分吃力，反而在学习中渐渐展现出自己的长处，成绩也有了提升。

虽然蒋梦麟对考中秀才这件事已经没有太大的热情了，可是蒋怀清仍然将这件事视为一件天大的喜事。蒋怀清认为，蒋梦桃在几年前就考中了秀才，如今蒋梦麟也考中了秀才，这说明蒋家的祖先在保佑着他们，以后这两个孩子一定能够入朝为官，光宗耀祖。于是蒋怀清命令蒋梦麟一放暑假便马上回家，接受亲友们的祝贺。

为了庆祝蒋梦麟考中秀才，一向低调节俭的蒋怀清难得摆起了筵席，又请了乐队，筵席足足摆了两天，前来祝贺的人多达好几百人。看着父亲脸上的笑，蒋梦麟的心中很是矛盾，他实在无法亲口告诉父亲，自己已经改变了当初的想法，不能像父亲期望的那样入朝为官，他难以想象父亲在知道他的想法后会有多么失望和失落。

最终，蒋梦麟还是没能将内心真实的想法对父亲说出口。到了开学的日子，他又重新回到了那个充满新学问的世界，在那个世界里享受着他自由钻研、自由思考的快乐。他喜欢这样的学习，也喜欢这样的生活，不是为了记住而记住，而是在理解中渐渐记住。

有时，蒋梦麟也会不由自主地去想，自己以后究竟要怎么办。忙碌的时候，他可以暂时不去理会，不去想太遥远的未来，可是随着毕业的时间越来越近，这个想法也越来越频繁地出现在他的脑海中。

在蒋梦麟的脑中充斥着两种思潮：传统的思潮不停劝说他继续参加科举考试，然后当官；先进的思潮却不停鼓励他打开内心，追求新思想，新知识，去新的世界里闯荡。两种截然相反的思潮不断冲击着他，让他烦躁不安，左右为难，他甚至一度怀疑自己患上了精神病，就快要发疯了。

冷静下来后，蒋梦麟仔细研究了当时的社会，他发现当时社会所面临的最重要的问题是如何救国，他还发现清政府已经如同一座只剩几根残垣的老屋，一场大风就能将它彻底吹倒。既然清政府都快要结束了，那么当官还有什么意义？何况清政府都要不存在了，又要去哪里当官？这样的想法一出现在脑中，蒋梦麟便彻底打消了顺父亲的意，当官的念头。

早在几年前，各种各样的洋货已经进入了国人们的生活：人们习惯了用"洋火"，因为它方便，干净，而且安全；被称为"洋胰子"的肥皂也渐渐成为人们生活中的必需品；坐过了洋船的人再也不愿意去挤那些老旧的小船；街上许多有钱人也开始穿起了用洋布制成的衣服……这些都证明西潮已经对国人产生了不小的影响。

蒋梦麟知道，西化已经是不可避免的趋势。渐渐地，随着人们对洋货的喜爱和依赖，人们也会对西洋的其他东西产生好感，比如西洋的文化，西洋的娱乐方式。何况在军事方面，甲午战争过后，新军成立，采用西式军服，配备西洋武器，这些都说明西潮已经开始大规模蔓延。

最后，蒋梦麟决定遵循自己内心的选择，不管别人怎么看，怎么说，他都要出国求学。心里下了决定，蒋梦麟便开始为自己的将来做准备。浙江高等学堂虽然是一所高等学府，但这里教授的内容已经不能满足蒋梦麟的需求，他需要一个能够让他接触到更多西方文化和知识的地方，为出国留学打基础。

蒋梦麟一边走一边专注地思考，不小心误入了学生禁入的走廊，并在那里遇到了学监。情急之下，他向学监说了谎，声称要回家探望生病的母亲。话说出口后，蒋梦麟心中也有些后悔，怎么可以用母亲的健康作为离开学校的借口呢？可是话已出口，并且得到了学监的允许，于是他立刻收拾好东西，离开了学校。

事实证明蒋梦麟的决定是正确的，1905 年，清政府取消了科举考试制度，蒋梦麟之前参加的那一次郡试，成为清朝最后一次郡试。不得不说，蒋梦麟当时拥有非常清醒的头脑和极高的远见，他能够早早地预料到西化的潮流必将席卷全国，能够及时地为自己定下准确的目标，尽早为将来做准备。正是由于准备工作做得及时，蒋梦麟才没有错过接受西化教育的好时机，也没有耽误自己的人生。

4. 受益新思想

洋人入关，有功有过。多年来，洋人带给中国许多便于人们生活的新奇物品，也带给中国一些能够摧毁中国的毒物，并且他们的态度一直是骄傲的，蛮横的，无理的，相比于他们带给国人的伤害，他们带来的那些好处显得轻之又轻。也正因如此，许多拥有民族意识的国人对洋人是憎恶的，他们憎恶洋人，也同样排斥洋人带来的任何东西。

在这一方面，蒋梦麟是理智的，19 岁的他已经学会了用辩证的眼光去看问题。他一直主张直接向西方学习，在进入南洋公学之前，他便打定了主意，一旦在这里打好了基础，他便会前往美国，真真切切地接触西方的文化，吸取西方的知识，只有这样，才能将西方最真实最优秀的东西纳入自己的身体，然后将它们带回祖国，传递给更多国人。

离开了浙江，蒋梦麟又一次到达了上海，因为他为自己挑选的新学校正是位于上海的南洋公学。

南洋公学创建于1896年12月，其经费主要来自于盛氏所督办的轮、电两局捐助，属于商业捐款，所以这所学校属于"公学"。又由于当时江、浙、闽、广等沿海地区被统称为"南洋"，所以这所学校被命名为"南洋公学"，它与"北洋大学堂"一样，都是中国史上最早出现的，由中国人创办的大学。后来，南洋公学几次更名，直到1921年，它才更名为著名的交通大学。

南洋公学办学的最初目的是为国家培养新式政治官吏和外交官，所以其教学内容以文科为主，包括内政、外交和针对工商业经营而言的理财。后来随着社会需要，学校陆续增加了政治、商务、铁路、电机等学科，1907年后，学校的培养方向便从培养政治经济型人才转变为培养工业交通型人才。

蒋梦麟入学那年，南洋公学中有相当于小学的外院、相当于中学的中院和相当于大学的上院，此外还有以教授专业为主的师范院和特班等。外院结业的学生可以升入中院，中院结业的学生可以升入上院，上院的级别最高，上院学时共四年，结业后可以获得文凭。

对于蒋梦麟而言，他最在意的不是最后的文凭，而是能够在学校里学到他真正想要学的东西，而南洋公学中最吸引蒋梦麟的，是它完全仿照美国中学学制的预科，全英文的各科课本，以及学校中许多有着丰富教学经验的美国教师。在他心中，"南洋公学可说是升入美国大学的最好阶梯"。

在申请时，蒋梦麟向校方表明自己将来想要留学美国，将西方的最先进最优秀的新知识和文化直接引入中国，为祖国做贡献，会申请这所学校，为的是打好前期的基础，学校便批准了他的申请。

进入南洋公学后，蒋梦麟开始了不一样的生活。这里以教授西洋学科为主，虽然仍有一些传统的课程，却也不是为了让学生们学会背诵，应付考试而设的。学校的活动很丰富，除了学习，学生们有足够的时间去休息，去发展自己的爱好，学自己喜欢的东西，做自己喜欢的事情。

这里提倡综合教育，注重学生们的全面发展，要求学生们不但学习要好，身体也要好。学校鼓励学生们多运动，还为学生们提供了一个巨大的足球场，足球场的草坪有专人打理，学生们随时都可以上去踢足球，锻炼身体。

除了足球，学校也提倡学生们打棒球，这些都是标准的西式运动，美国的孩子从小就开始学习这些体育项目，并且将它们当成日常活动的一部分。中国的孩子们虽然小时候没有接触过这些运动项目，但是由于这些运动都比较有趣，他们也就渐渐地接受并习惯了。

蒋梦麟小时候虽然顽皮，却不太擅长运动，而且体质一向比较弱。进入学校后，他意识到身体健康对学业有着重要意义，只有拥有了健康的身体，才能提高学习效率，于是他开始加强锻炼，并给自己制订了一套专门的计划。

由于身体较弱，不适合强度太大的运动，于是蒋梦麟选择了体操以及哑铃这类强度稍轻的运动。此外，他还严格遵守制定的作息时间，每天早起后半小时和睡觉前的一刻钟都准时练习哑铃。他就这样坚持了三年，三年里，他的身体状况和精神状况都变得越来越好，不但极少生病，而且心情愉悦。

至于学业方面，蒋梦麟自然更不会松懈，毕竟这是他自己选择的学校，而且他的心中还有明确的目标。

在家塾中学习的日子里，先生曾告诉他们，背诵儒家经典为的是让他们成长之后能够明事理，懂道德，即使他们在背的时候不明白那些字句的含义，等他们长大之后，便一定能够体会到传统文化中的精髓和道德规范。蒋梦麟每当想起那时的事，总能一并想起先生向他们传达这些话的时候，脸上所流露出的一本正经的样子。

南洋公学不强行要求学生们背诵文言古句，但是同样要求学生们德、智、体全面发展，于是蒋梦麟自发地对古代哲学家和国外名人们的事迹进行了学习，并且将他们值得借鉴的经历和有用的言行都摘抄下来，不时温习，勉励自己。在这一过程中，蒋梦麟渐渐开始对道德有了更深一层的理解，他开始学会透过道德的表象去研究道德的根本。

任何事物都有它的表象和内在，表象只是浮华，内在才是根本。对于一名成年人来说，这样简单的道理很容易明白，因为成年人的世界本就是复杂的，不要说看到的许多事情，就连自己做的许多事情在表象和内在之间也有极大的不同。当然，也有一些人是不明白的，这些人分不清表象与内在之间的关系，也分不清两者之间的界线，于是活得越来越糊涂。

道德的根本在于一个人的内心，而不在于一个人的所作所为。通过阅读大量的名人传记，蒋梦麟了解到不同的道德理念会导致不同的人做出不同的事。他将中西方哲人对同一个问题的不同见解进行对比，并找到了导致这种情况产生的原因，其中最重要的一点就是中西方文化的差异。

从一开始努力理解，到在理解的基础上对材料加以判断，取其精华，去其糟粕，蒋梦麟的理解能力变得越来越强，判断能力也得到了提升，这些都对他日后的学习有很大帮助。正是在这段时间里，他学会了如何将道德观念中不重要的和负面的东西剔除，也正是在这段时间里，他养成了将中西方的东西进行对比的习惯。

每一个孩子都有其最适合的成长方式和学习方式，或许对于蒋梦麟而言，顺其自然才是最好的学习方式。自由的学习氛围让他感到非常舒心，没有了强制性的要求，他对学习的兴趣反而更浓，学得也非常好。在一次考试中，他竟然同时在新旧两类学科考试中名列前茅，不但获得了荣誉奖，还得到了校长的召见。

蒋梦麟喜欢这里西洋风格的建筑，也喜欢这里的学习氛围。没有了束缚，他的思维越来越开阔，头脑越来越灵活，令他感到轻松得如同"脱下一身紧绷绷的衫裤"一般，他的思想越来越开放，但他也没有放任自己一直这样下去。他清楚地明白，"学而不思则罔，思而不学则殆"，思考要和学习结合起来才能发挥真正的作用，他目前面临的首要任务仍然是学习。

在蒋梦麟的不懈努力下，他的英文水平有了极大的提高，已经能够读懂许多原版的英文著作，唯一的遗憾是，这所学校并不注重学生的口语，也没有专门教学生发音的课程，所以直到毕业，蒋梦麟的英语口语还是不太好。

除了学校正规的课程，蒋梦麟还参加了一些学习性质的课外活动，他喜欢参加学生们的讨论，与他们一起谈学问，谈时事。福州路上的一家茶馆成了学生们课余时间最常去的地方，每逢学校不上课的时候，那里都会聚集许多来自不同学校的学生们。学生彼此之间有些认识，有些不认识，可无论认识与否，一旦聊起来，马上就没有了陌生感。

1908 年夏，浙江省开始向美国派遣留学生，蒋梦麟也实现了他出国留学的梦想。

在当时，走出国门，前往西方留学是许多学子梦寐以求的事情，一些人为的是镀金，一些人为的是好玩，一些人为的是利益。蒋梦麟清楚地知道自己留学的目的，"授人以鱼不如授人以渔"，他不但要镀金，还要学会炼金，这样他才能真正为国家做出贡献。

5. 挥剪去陋俗

热血青年，抱负满怀。拿着父亲给的资金，蒋梦麟先去办理了各种证明和护照等手续，因为只有办好这些手续，他才可以去美国的领事馆办理签证。等到他买好了去旧金山的头等船票，又着手置办了些必备用品和衣物后，他将余下的钱全部兑换成了美钞。

在当时，像蒋梦麟这样的留学生有不少，所以签证办得很顺利。按照规定，蒋梦麟需要和其他同期留学生一起，搭乘一艘固定的邮船前往旧金山。在上船之前，蒋梦麟走进一家理发店，请理发师将他脑后的辫子剪去。

在 1908 年，剪辫运动还没有在全国开展起来。在这之前，由于留辫子不适合新军的制服，更不方便新军作战，清政府特许新军的士兵可以剪去发辫，没想到随后越来越多的人，甚至部分朝廷官员都剪去了辫子。清政府担心如此下去会影响政府威严，便下达了除军人和留洋学生外不许剪辫的命令。

蒋梦麟虽然明白辫子不过是腐朽文化给人们强加的沉重包

袄，此外没有任何意义，可是当理发师抓住他的辫子准备下剪时，他的脑中还是突然浮现出犯人在被斩首前，刽子手抓起犯人辫子的画面。恍惚间，他以为自己也上了断头台，顿时毛骨悚然，吓出了一身冷汗。随着剪刀"咔嚓"两声，他感觉脖子上轻了不少，好像脑袋也不在了一样。

睁开眼，接过理发师递来的已经包好的发辫，蒋梦麟上了船。船缓缓开动后，他走上甲板，手一挥，那团象征中国落后保守的辫子就沉入了茫茫的大海里，他的心也突然间轻松了许多。

一年前，蒋梦麟曾在一位党兄的邀请下去过日本，虽然当时也乘坐过类似的轮船，但那艘轮船无论体积还是豪华程度都不及这艘邮船。最令蒋梦麟感到不可思议的是，邮船里竟然有人跳舞，并且是那种一男一女相依而跳的舞。这样的舞蹈让受惯了传统教育的蒋梦麟感到不自在，但是随着看到的次数越来越多，他也渐渐习惯了。

蒋梦麟打算就读的学校是加州大学，距离旧金山还有一段路程。他联系上了加大中国同学会的主席，在主席的带领下到达了目的地，并租到了满意的房子。房东太太很慈祥，几句简单而贴心的嘱咐让蒋梦麟心生温暖。同时，他也谨记房东太太告诉他的一些注意事项，尽量避免给她添麻烦。

蒋梦麟初到美国之后遇到了许多交流方面的障碍。阅读上的障碍比较容易解决，他请了一位同校的同学为他补习英文，并订阅了《旧金山纪事报》和《展望》周刊作为自己的阅读材料。平日里，他随身带着一本《韦氏大学字典》，及时查阅每一个不认识的单词。在他的努力下，仅仅过了四个月，他的阅读能力就得到了极大的提高。

听说上的障碍则难以解决得多，这主要因为蒋梦麟在国内时从来没有专门受过这两方面的训练。所幸的是，教授们的发音都很清楚，语速也比较慢，让他有时间去思考和判断，从而理解整句话的意思。而一到了生活中，他便很难听得懂对方在说什么了。于是，蒋梦麟很少说话，不敢贸然与当地人接触，上课时也极少回答问题，偶尔被点到名字，只要他红着脸低下头，教授也就不再追问了。

日子过得很快，转眼到了除夕。美国人不过除夕，对于他们而言，圣诞节才是最重要的日子。可蒋梦麟是中国人，相比于圣诞节，他更在意除夕的意义，所以他独自过了圣诞节，却找了一些中国同学与他一起过除夕。除夕夜里，他们一起去了唐人街，见到了许多中国人，也找到了些许"年味"。这群远在异国他乡的学子们，此时才真正地体会到了什么是乡情。

新年之后，距离加大开学的时间也不远了。蒋梦麟以南洋公学的学分申请入学，在选择专业时，他考虑再三，最后选择了农科。自小在乡村长大的蒋梦麟天真地以为，改进农业能够让大多数中国人过上好日子，也对自己身体有益，可谓不错的选择。

蒋梦麟自小对自然界中的各种生物感兴趣，念家塾时，他便会用课余时间观察一些昆虫和动物的特征和习性，如今读了农科，接触到植物学和动物学，并能够用显微镜观察到很多肉眼看不到的东西，蒋梦麟感到很欣喜，也很满足。

一天，蒋梦麟在前往农场的途中遇到一群外国的小孩子，他们都背着书包，看样子正要去上学。突然，他的头脑中浮现出一个问题，自己整日都在学习如何培育动物和植物，为什么从来没有想过如何培育人才呢？

为了想清楚这个问题，最后，蒋梦麟没有去农场，而是去了附近的一个小山头。他坐在那里，凝视着眼前的美景，脑子里却不断回想起中国历史上的点滴。他也想起在这之前，曾有人劝他学习社会科学时说过的一番话。那人说，对于当时的中国而言，真正需要解决的不是农业问题而是社会问题，只要将眼光放开，先将社会问题解决，农业问题也就自然解决了。

正午的阳光照在蒋梦麟的身上，很暖，他仿佛突然间开了窍，一跃而起，跑下山坡，径直找到加州大学注册组的苏顿先生，提出转专业的申请。苏顿先生听到蒋梦麟的申请要求，担心他只是一时冲动，于是问了他许多问题，最后，苏顿先生被蒋梦麟说服了，同意为他转专业，于是，蒋梦麟从一名农学院的学生变成了一名社会学院的学生。

转换专业之后，蒋梦麟才真正感觉到自己的大学生涯步入了正轨。对逻辑学的学习让他的头脑变得更加有逻辑性，思考变得更有条理，即使在生活中，他也会不自觉地多想"为什么"以及判断推测"是否合理"，并将得到的结果进行归纳，最后得出一个新的推论。这样的过程不仅让他感到有趣，更让他感到受益匪浅。

对伦理学的学习则让蒋梦麟明白了行为规律并不等于道德原则。他想起在国内被灌输的一些观念和人们的一些旧习，每个人都要强调其重要性，却没有一个人真正知道为什么要这样。他们只知道人言可畏，自己若是不遵守，就会遭到其他人的谴责甚至唾弃。而当他深入研究这些观念和旧习时，也发现这些"真理"不过是掩人耳目的空壳。

伦理课的教授有着新锐的思想，他鼓励学生们怀疑、质疑、挑剔现有的道德原则，这与蒋梦麟从小接受的传统教育是截然不同的。在国内，先生们只会要求学生一板一眼地学，规规矩矩地做，谁也不可以发出不同的声音。在伦理课的课堂上，学生们却可以热烈自由讨论，大胆说出自己的观点，教授还会称赞他们。

将中西两种不同知识进行对比是蒋梦麟在南洋公学研究中外道德时养成的习惯。这种习惯帮助他更好地理解西方思想和知识，更好地吸取其中的精髓，并在头脑中进行消化和吸收，最终转换为属于他自己的思想和知识。当他发现自己的进步后，他也有了更多的信心，学习的劲头也更足。

不知不觉中，蒋梦麟爱上了各种史学和文学，爱上了哲学和政治学，也爱上了艺术。他喜欢坐在屋子里静静阅读各种英文原著，也喜欢走到外面感受大自然的风和阳光。他喜欢在教室中听同学热烈的讨论，也喜欢去露天剧场看各种戏剧演出，听名人的演讲。

丰富的课堂生活和课余生活让蒋梦麟过得格外充实，语言上的障碍似乎渐渐消失了，虽然他仍然无法清晰地表达出自己内心的想法，无法流利地与身边那些美国人交流，但这些都不再对他有任何威胁。他有他的思想，有他的意志，他已经能够像所有学生一样，自由地学习，自由地生活。

他越来越喜欢这里的生活，喜欢这里的自由和生机，平等和尊重。他的眼界开阔了，内心敞开了。他养成了对学问的博爱和宽容，也习惯了对知识的分辨和积累。此时的蒋梦麟再不是那个懵懂的少年，他依旧单纯，却不再无知。

在人际关系上，蒋梦麟与他的父亲一样，真诚待人，不存二心。在他的世界里，人与人之间的关系是简单的，自然的，不存在任何利益关系。他曾听说在许多兄弟会和姐妹会中，人们相处得非常愉快，便将那些地方想象成如他所想的纯净之所，并一直心存向往。所以当有人邀请他前去做客时，他欣然接受，并没有多想对方的条件。

对方提出的条件是，当这个兄弟会的某位会员参加竞选时，必须为他投票。对于蒋梦麟而言，这不过是件小事，所以他并没有非常在意。何况他在这个兄弟会度过了一个愉快的夜晚，交到了几位"好朋友"，为好朋友做点举手之劳的事有何不可呢？令他感到意外的是，选举结束后，再见到那位"好朋友"，对方却换上了冷漠的神情，仿佛不曾认识他。

兄弟会的经历算得上蒋梦麟在加州大学少有的一次不太愉快的经历，这让蒋梦麟彻底讨厌了功利性的交际。那件事之后，他决定从此以后不再参加功利性的活动，也不参加任何学校选举。他也确实这样做了。由此可以看出，蒋梦麟是一位正直公正的人，在他的心中，只有真实的感情才值得被珍惜。

6. 初遇引路人

1909 年秋天的一个晚上，蒋梦麟在朋友刘麻哥的引荐下结识了孙中山，这次经历为他日后的许多决定和活动都奠定了基础。

孙中山早在 1905 年便在日本东京成立了中国同盟会，以"驱除鞑虏，恢复中华，创立民国，平均地权"为革命纲领，并第一次提出了"三民主义"，即"民族、民权、民生"。之后的三四年中，孙中山一直为了实现"三民主义"而奋斗着，并将资产阶级民主共和思想传播到了祖国各地。

蒋梦麟自进入南洋公学之后便一直关注革命运动，对孙中山早有耳闻，想到这位大名鼎鼎的中国革命运动的领袖即将出现在自己的面前，他的心中不免有些紧张。然而当他真正见到孙中山时，那种紧张的心情便被一种没来由的亲切感和依赖感所取代了。这或许就是人们常说的，有缘千里，命中注定。

孙中山住的地方是唐人街的一间小旅馆，这里的房间非常小，一推门就能看到里面的全部摆设，摆设也非常简单，除了一张单人床，一张小小的书桌和几把椅子之外，再无其他多余的家具，也确实放不下其他家具了。靠近窗子的地方有一个小洗脸盆，也相对简陋。

有些人仿佛天生具有某种魔力，能够将周围的人吸引到自己身边，却又似乎没有任何刻意举动。这便是人们常说的人格魅力吧。拥有人格魅力的人，无论走到哪里，都会接收到其他人羡慕的目光，都会听到所见之人的高度赞扬，都会在人群中凝聚起一团特殊的力量，让身边的人心甘情愿为之折服。孙中山便是具有人格魅力的人。

见面后，孙中山对蒋梦麟很亲切，他将蒋梦麟让到椅子上，便与蒋梦麟简单地交谈起来。在交谈中，蒋梦麟发现，孙中山是一位具有极高演讲天分的人，他能够快速地对自己的听众做出准确的评估，然后用对方能够接受并理解的方式，向对方表达自己的意见。以至于任何人只要听到他开口讲话，就会完全被他所吸引，再也无法转身。

人们常说，可以根据一个人的长相判断出这个人的性格，这并不是没有科学根据的说法。所谓相由心生，从心理学的角度来说，就是一个人的心理状态会透过他的面相表露出来。比如我们常能见到一个心态年轻的人总是面露微笑，明媚照人。初次见到孙中山，蒋梦麟对他的第一印象就是智慧。

蒋梦麟也认为，一个人的面相与他的内心有着极密切的关联，而孙中山那饱满的额头就已经透露出他是一个极具智慧的人。此外，他那对浓密粗黑的眉毛向人们宣布着，他有着极其坚定的意念；他紧闭的双唇和坚定的下巴则表露出他性格中的果断和勇敢；他的眼神清澈而柔和，说明他内心坦荡，待人友好热情。

蒋梦麟的这些推断都在他日后与孙中山的接触中得到了证实。孙中山在与他交谈时，从不轻易打断他的讲话，而是安静地倾听，并在倾听中抓住他想表达的关键思想。在与持相反意见的人交谈时，孙中山既未用任何强硬的字眼，也未直接否定对方的观点，但他说出的每句话都滴水不漏，并且透着一股说服力，能够让对方无力辩驳。

蒋梦麟曾在唐人街的街头亲眼见过孙中山演讲的样子，没有人维持秩序，他就那样站在人行道上，用浅显易懂的话语向来往的行人们讲他的计划。行人们的脚步渐渐变缓，最后停下，站在他身边，专心地听起他的演讲。然后，听众越来越多，将他围了起来，他却面不改色，依旧平静地讲着。

在当时的唐人街，蒋梦麟曾见过许多开着洗衣店的华侨，这些人除了血肉之身再无其他可以赚钱的资本，便以为美国家庭手洗衣物来赚钱谋生。这种工作非常辛苦，赚钱也并不容易，所以这些华侨平日里的生活都非常节俭。他们舍不得吃好的，用好的，穿好的，只为能攒下些钱寄回老家，让家里人过得好一些。

除了这些洗衣店的华侨，还有许多在餐饮业打工的华侨也都过着类似的日子。他们都是没有受过高等教育的人，也没有什么文化，可恰恰是这些人，在得知孙中山的革命运动后，都纷纷将省下来的钱慷慨地捐了出来。这也足以说明孙中山能够用最朴实的话语让他们接受他的理想，赞同他的决定。

蒋梦麟不是一个擅于言辞的人，孙中山的理解能力和表述能力都让他感到由衷的佩服。他羡慕孙中山能够滔滔不绝地将心中所想溢于言表，并且这种表达不会让听者感到疲倦和无味。孙中山的讲话节奏很慢，吐字清晰，每句话都饱含诚意，让每一位听者都对他心悦诚服。

与孙中山见面之后，蒋梦麟的大学生活变得更加紧张，因为他进入了《大同日报》，成为那里的一名兼职编辑，并在孙中山的指导下开始写社论，这一写就是三年。

《大同日报》由革命党人所办，是孙中山在旧金山的革命机关报，主要对保皇派进行斥责，并对革命进行宣传。在这之前，孙中山还曾在澳门办过《镜湖丛报》，在日本横滨办过《开智录》，在香港办过《中国日报》，对孙中山而言，这些报刊就是他的阵地，他的许多政治思想都是通过这些报刊传播给广大群众的。

在当时的留学生中，兼职的学生并不少，但多数是因为家境贫困。那些官费留学生虽然可以享受到政府的补助，但是生活上还是要自己花钱，而国外的衣食住行无一不给他们造成了巨大的负担，在经济压力下，他们不得不去找一些力所能及的事情做，以赚取少额的金钱，贴补生活。

在《大同日报》兼职，并不是因为缺钱，出国留学虽然需要花费不少钱，但像蒋家这样富甲一方的大家庭还是承担得起的，何况蒋梦麟在兼职时期所受到的压力和工作强度远远超出了他所得的报酬。他加入《大同日报》的主要原因是他热爱写作，而孙中山也欣赏他的文笔和思想。

刚开始从事这份工作时，蒋梦麟的热情非常高涨，对于每一篇出自自己之手的文章，他都投入了非常多的精力，小心斟酌每个字，力求做到完美。然而随着大学的课业越来越繁忙，为了完成工作，蒋梦麟不得不经常熬夜写社论。工作时间和强度一增加，蒋梦麟开始力不从心。等到 1911 年辛亥革命胜利，与他一起写社论的刘麻哥回国后，这种感觉就更加强烈了。

之前两人一起写已经很辛苦，如今只剩下他一人，蒋梦麟的心态突然发生了变化，他真心在意这份工作，想要写出好的文章，可是他忘记了自己从小是一个"吃软不吃硬"的人，无论是学习还是其他事，自己不想做的事情，无论怎么勉强都没有用。于是他越是着急，写出来的文章质量越差。

当时的蒋梦麟陷入了一种恶性循环之中，他将这种感觉比作在自动售货机的放钱口塞入了太多的钱币，导致机器阻塞，再也放不进去钱一样。他讨厌自己写出来的东西，认为写出来的都是"毫无意义的一大堆文字"，"其实可能只是一大堆正确的废话，只是在填满报纸的版面而已"。

在这样的恶性循环中，蒋梦麟竟然失去了他原有的写作才能，他的才华还在，只是他已经找不到任何方式将他的才华变为切实的文字，更糟的是，他养成了散漫而匆促的思想习惯。这些现象都令他感到非常害怕，最终，他在1912年放弃了这份工作，并再也不愿去碰写作这件事。

孙中山由于经常奔走于各地，所以对蒋梦麟的变化并不了解，在他心中，蒋梦麟永远是初见时那个充满朝气，积极阳光的年轻人。他曾认为蒋梦麟"然对于革命议论，风发泉涌，笔利如刀，有宣传家之大手笔也。文字革命时期，不能少此人"！

蒋梦麟虽然对写文章没了兴趣，对于孙中山其人还是敬重非常，他在自己的自传中还曾提及，孙中山是一个记忆力非常惊人，博览群书之人。他说，"孙先生是位真正的民主主义者"，"对人性有深切的了解，对于祖国和人民有热烈的爱"。由此可见，在之后的日子里，他也仍然非常尊敬和崇拜孙中山。

7. 海外修心路

加州大学的生活让蒋梦麟变得自信了，成熟了，同时，也让他的求学之心更加强烈了。他开始不满足于加州大学学到的教育学、历史学和哲学，想要向更高一层的学识领域进发。于是，他申请了哥伦比亚大学的研究生。

1912 年，蒋梦麟取得了加州大学教育学系的学士学位，领取了学校颁发给他的名誉奖，便动身前往纽约。对于纽约哥伦比亚大学的生活，蒋梦麟没有进行过多的描述，但可想而知，以他一贯的脾气秉性，他自然还是一如既往地，顺其自然地学习和生活，并用自己的方式，结合已有的理论去理解和分析身边的一切现象。

纽约不同于旧金山，这里没有全美洲最大的唐人街，看不到成千上万的华侨，小型的中国饭馆、算命摊、庙宇等也比较少见。这里有直耸入云的摩天大楼，不时从头上掠过的高架电车，以及各种即使在夜里也灯火通明的休闲娱乐场所。

到处是五彩的霓虹灯，饭店、剧场、旅馆、夜总会……每一家门口都挂着霓虹灯的招牌，就连高楼上的广告牌都镶嵌了无数霓虹灯。到了夜晚，那些霓虹灯就会将这座城市映照出另一番景象，让人有一种仿佛进入另一个世界的感觉。

纽约是一个非常繁华的都市，也是一个非常复杂的都市。这里聚集着各个种族的人，也聚集着各个国家的文化。这里的居民文化层次高低各异，贫富差距也很大，富人整日住在豪华温暖的别墅里吃着山珍海味，穷人却只能在郊区的贫民窟中忍受着饥饿和寒冷。行走在这座城市里，随时能够看到两种极端的生活方式，然而它们却能够如此平衡地并存。

这不能不说是一种奇迹。若是在其他地区，穷人与富人之间的矛盾一定会非常激烈，不同的种族之间或许也会时常发生摩擦，这里却没有，所有人都和平地居住在同一座城市里，彼此不干涉。只要大家都遵守这里的法律，无论以何种方式生存，都不会被其他人视为异类，也都不会遭到其他人的干扰。

蒋梦麟将纽约视为一个兼容并蓄的大熔炉，并认为只有在美国，这样的大熔炉才能够安稳地存在，这便是美国民主自由最好的体现。各人有各人的生活习惯，道德标准，思想价值观，每个人都可以自由发表自己对社会的看法，不会因为说了一句与政府相违背的话就被政府关押，所以人们过得安心，放心，这才是真正的自由。

哥大就坐落在这样一座城市里，它是一所综合性高等学府，其规模之大，学生人数之多，学科种类之多，在当时的世界上难以找出第二家。哥大建立于1745年，根据英国国王乔治二世颁布的《国王宪章》而建立。

与纽约的性质相似，哥大也是一个兼容并蓄的地方，这里汇集了各种各样的学术流派，以及支持各种学派的教授们，令哥大校园中呈现出一种百花齐放的学术氛围。这里还拥有世界一流的图书馆，任何学科的书籍都可以在这里找到。时常会有一些学生整日泡在图书馆里，如饥似渴地阅读里面的书籍。

在哥大，蒋梦麟充分地体会到科学研究的精神，并学到以科学方法应用于社会现象的方法。哥大有许多非常优秀的教授，他们不但对蒋梦麟给予了学术上的帮助，也对蒋梦麟产生了其他方面的影响，比如教会了他如何科学地看待问题和解决问题。与这些教授相处的日子里，蒋梦麟受益匪浅。

在所有的教授中，有一位名为杜威的教授对蒋梦麟的影响格外大。这位教授反对传统的"填鸭式教育"模式，提倡在实践中学习，他想，教育不应该是强迫孩子去接受外界的知识，而应该是让孩子在日常生活中得到锻炼，并自然而然地吸收到外界的知识。

杜威的实用主义对国内许多著名学者都产生了重大影响，这些学者中便包括胡适和蒋梦麟。胡适自从跟随杜威学习之后，便认为具体的问题比抽象的主义更重要，并毕生坚持着这一原则。蒋梦麟在接触到实用主义思想后，也产生了这样的念头。然而杜威也警告过他的学生们，不要刻意去追求所谓的"实用"，因为当人们为了强调实用性而特意去做一件事时，这件事反而会变得不实用。

1919 年杜威访华之后，他的实用主义教育思想更快地在中国蔓延开来。再加之有胡适、蒋梦麟这些他曾经的学生的推动，实用主义教育思想一度在中国大陆掀起了教育改革的热潮，并快速盛行起来。

刚一接触到杜威的实用主义教育学时，蒋梦麟的心便激动了，他想，这不正是自己一直以来最喜欢的教育方式吗？于是，在哥大的五年里，他一直跟随杜威研究教育哲学，并结合国内的现状，研究如何将这些先进的教育理念应用在中国的教育中。

刻苦的学习并没有影响蒋梦麟对生活的关注。有时，蒋梦麟也会离开繁华的纽约市，去附近的山区过上几天不一样的生活。他喜欢漫步在原始森林中的轻松自在，喜欢闭上眼睛轻嗅着松枝散发出的清香。他也喜欢参加山区村民的仓中舞会，听主人轻轻地弹奏和歌唱，并随着音乐情不自禁地舞蹈起来。

有几次，蒋梦麟和同学们在山里走得太远，不小心迷失了方向。茂盛的树木遮住了天空，他们无法辨别出所在的位置，便只能根据远处传来的汽笛声去寻找火车的轨道，然后沿着轨道走回市里。当他们回到市区时，天色已经很暗了，他们也非常疲惫。为了避免再发生这样的事情，他们买了指南针，每次进山的时候都带在身上。

城市与山区的生活不同，不时往返于两种生活环境之间，蒋梦麟产生了一种感悟，他意识到，环境的改变和鲜明的对照能够让人的心情产生变化，而会产生这种心情的变化，并不是因为环境本身变得更好了，而是因为它有了参照物，才将它衬托得更加有魅力，更加吸引人。

蒋梦麟认为，这样就可以解释，为什么一个人在城市里住久了，会厌倦城市的喧嚣，向往乡村的安逸和宁静；而当他在乡村住久了之后，又会厌倦乡村的单调，向往城市里的热闹和繁荣。事实上，城市还是那座城市，乡村也还是那座乡村，它们本身都没有发生变化，唯一变化的，是人的心理状态。

离开祖国已经多年，即使学校放假，蒋梦麟也没有回过家，然而这些年来，他对国内的关注从来没有间断过，他知道自己不在祖国的日子里，祖国已经发生了许多的变化。

在他到达美国的第一年，光绪皇帝和慈禧太后相继去世，之后年仅3岁的溥仪登基，由载淳辅佐朝政。溥仪年幼，载淳不懂政务，自此清政府开始走向衰败，清政府的地位也节节下降。1911年，辛亥革命爆发，清政府灭亡。1912年，中华民国成立。

辛亥革命前，蒋梦麟还在唐人街上见到过许多留着长辫子，穿着清末服装的中国男人，以及一些缠着足的中国女人，这些人虽然已经走出了国门，却仍然将自己的心困在旧社会。辛亥革命之后，这些人的衣着和生活都随之发生了变化，不仅如此，那些人家也开始让自家的孩子去美国的学校念书了。

中华民国成立后，国内开始破除旧习，接纳西方的文化，直到这时，人们才发现之前一直钦仰的日本也不过只是西方文化的一个学徒，于是人们对日本的崇拜越来越淡，转而直接向西方国家学习。这些都是国内的变化，蒋梦麟得知这些之后，心里稍感安慰，他想，既然国内的人已经意识到西方文化的优势，自己回国开展教育事业必然会少许多阻碍。

1915 年，加利福尼亚举行万国教育联合会，由于应邀参会的黄炎培临时有事回国，蒋梦麟便代替他出席了这次会议，这次会议让他增长了阅历，见到了世面。这是他第一次登上世界级的教育论坛，对他来说，这是一次难忘的经历，也是他走上教育舞台的开端。

1917 年，蒋梦麟结束了哥大的学业，并取得了博士学位。在博士毕业论文中，蒋梦麟充分运用了西方学理对中国历代教育原则进行了考察和分析，并提出个人权利非常重要，一定要在教育中注重学生个性的发展，并促进学生的积极性。

在美国读书的日子里，蒋梦麟已经对这个国家产生了眷恋，或许由于这里的环境非常适合他求学，他有些舍不得这里。但是他却从来没有忘记过自己来美国留学的目的，他心里时刻谨记，自己是中国人，既然已经学业有成，自然要回去报效祖国。

黑色的发，黑色的眼，黄色的皮肤和一颗不变的中国心，这些都决定了蒋梦麟一生的使命。他相信教育能够拯救一个国家，他决定将自己所学的全部投入到祖国的教育事业中，让国家变得更强大。1917 年 7 月 13 日，蒋梦麟踏上了回国的旅程。

第三章　衣锦还乡重教育

1. 衣锦归故里

　　轮船在海面上缓缓地航行，最后终于在上海的港口稳稳地停了下来。蒋梦麟走下船，看到一个与记忆中截然不同的上海，心里不由得发出一声感叹。9年了，9年的时光可以改变许多事，他已经从一名青涩少年成长为一名朝气蓬勃的青年，上海也越发有国际风情，成为具有纽约风格的大都市了。

　　在街头随意望去，女子们留着短发，穿着齐膝的旗袍，脸上已经找不到羞涩与腼腆。她们的脚下踩着高跟皮鞋，走起来快速而健美。男子们依然是一身长袍，不过为的只是舒适，而不是传统了。极少能见到几个仍然留着辫子的男人，都是些年岁比较大的老人，毕竟对于他们而言，新风俗还是难以接受的。

　　蒋梦麟多走了几处地方，发现虽然这里整体有了改善，但旧的东西仍然存在，比如尊重的缺失，以及洋人与中国人之间的不平等。

蒋梦麟在街上看到许多来来往往的人力车，车夫们拉着那些衣着光鲜的人跑来跑去，累得满头大汗还要笑脸迎人，并不时奉承几句。只盼着那些乘车的人心情好了，可以多给他们几个铜板做小费。蒋梦麟还看到一些洋人对待车夫们的态度非常恶劣，非打即骂，这让他不由得想起在美国，人们对待动物都要比这好得多。

租界公园门口"犬与华人不得入内"的牌子被换掉了，取而代之的是"只准高等华人入内"。受到美国思想同化的蒋梦麟认为，人应该是平等的，何来高等低等之分，洋人立这样的一个牌子，从本质上，仍然是对中国人的鄙视。

从上海到宁波，乘坐的仍然是拥挤得如沙丁鱼罐头般的轮船。到了宁波转乘火车，随着火车沿途的风景不断变换，蒋梦麟知道，自己离家乡余姚越来越近了。想到马上就能见到思念的父亲，重温家乡的饭菜，他不由得激动起来。

到家已是晌午，看到精神矍铄的蒋怀清，蒋梦麟将全部的思念化为三鞠躬，深深地将腰弯了下去。家中似乎没有什么变化，一如既往充满着书香气，到处显示着这家主人是位安静知足的老者。

当年讲故事给蒋梦麟一群孩子听的老人大多已经过世了，难得一位姓刘的太公仍然健在，并在得知蒋梦麟回来后特意去看他。那天下午，刘太公给蒋梦麟讲了余姚近些年来发生的事情，还开玩笑地说自己"八十要见阎王了"，没想到一语成谶，几天之后，刘太公真的去世了，这令蒋梦麟非常难过。

余姚的教育也得到了发展，县里已经有了专门招收女子的学校，女孩子们可以和男孩子一样上学读书。在那里，她们能学到语文、数学、英语等新式学科，学到西洋歌曲，她们还可以自由地在操场上奔跑，再不会有人用责备的眼光去看她们，再不会有人用传统的礼教去约束她们。

在家中休息一段日子后，蒋梦麟决定去蒋村看望那里的亲戚。在那里，他见到了他的大伯母，大伯母病重在床，一边握着他的手，一边向他讲述着生活的变化。对于新的社会，她有些喜欢，也有些抱怨。她无法理解世间不存在鬼神的说法，也无法接受人们不肯拜菩萨，不肯给祖先烧纸钱的举动。

虽然时代已经不同了，可是大伯母的脑子里仍然满是封建道德，在她心中，女人还是应该乖乖在家相夫教子，离婚后不可再嫁，更不能主动提出离婚。她还认为那些将菩萨扔进河里或烧毁的做法是可怕的行为，一定会遭到天谴。

大伯母一边说着，一边陷入了沉睡，蒋梦麟见她睡了，便从房间退了出来。他的侄女跟在他身后对他说："婆婆太老了，看不惯这种变化。"边说边淘气地吐了吐舌头。蒋梦麟自然是知道的，对于老一辈的人来说，新的社会很难让他们适应和接受，但看着侄女的样子，他知道，这一辈的孩子们已经接受了新的思想，他们的未来一定会好起来。

蒋梦麟又去了三叔家，在三叔那里，他听说村里人最初不相信人工肥，虽然眼见用过人工肥的白菜长得又大又好，却认为那白菜有毒，纷纷拔出来扔掉。于是三叔将那些白菜廉价收购，腌制成了可口的咸菜。

在一位90多岁的老太婆那里，蒋梦麟又听说了两个为了争家产闹得不可开交的兄弟遭到火神祝融惩罚的故事，老太婆说，一定是火神祝融看不惯这两兄弟的过分行为，才替天行道，把他们的房子都烧光了。

老太婆还说，后来，一位富商买下了那对兄弟旧宅所在的地，建了一座大洋房，里面都是些稀奇古怪的东西，沙发和床一坐下就起不来，玻璃门晃得她眼花缭乱，屋子里还有个带轮子的大机器，那轮子转起来的时候吓死人了，她真怕操作机器的那个孩子一不小心被轮子卷进去绞成肉泥。

从这些人的口中，蒋梦麟明白，封建迷信的思想已经在这些老人的脑中根深蒂固，无法根除了，幸好，年青的一代已经明白，并开始接受科学的思想，以及生活中各种新的事物。他很庆幸越来越多的年轻人从村子里走出去，到大城市学习和工作，因为这对他们的未来是非常有好处的事情。

儿时的伙伴们都不知道去了哪里，听说一些人去了上海谋生。似乎对于他们这一代人而言，新的社会很容易被接受，新兴的各种行业也很容易引起他们的兴趣。上海的工商业变得很发达，男孩子们大多去了上海的工厂和机械公司，在那些地方，他们可以赚到比在家乡多出许多倍的钱；女孩子们大多去了编织工厂，在那里编织一些出口到美国的发网和餐巾。

听说老太婆的儿子儿媳都早逝了，她只好一人承担起照顾孙女的重任，这使她本就不宽裕的生活变得更加艰难。祖孙二人没有经济来源，蒋怀清每月都会给她一些米，可是仅有一些米是不够的，孩子成长的过程中，到处都需要开销。于是，蒋梦麟在告别老太婆时留下了 20 元的钞票，老太婆对他感激不尽，连连念叨着"我就知道这孩子心肠好"离开了。

对于蒋梦麟而言，回到家乡，必须要做的一件事是拜祭母亲。多年在外漂泊，已经有太久没有为母亲扫墓了。如今，站在母亲的墓前，想起母亲的音容笑貌，蒋梦麟的心中还是不由得涌起一股温暖。他自然已经不会再希望能够与母亲的灵魂交谈，也不会希望母亲泉下有知，感应到他的念头。他只想借此举抒发他对母亲的思念。

在家休息的日子里，除了蒋村，蒋梦麟还去了杭州，那个曾对他意义非凡的城市。他坐在西湖边，看着依旧美丽的湖光山色，想着当年自己在这座城市里经历的点点滴滴。他想去看看当年的浙江高等学堂，却只看到省长公署的办公厅，一个原本书香气萦绕的地方，如今却只剩下官气缭绕。

多年不见，许多地方都已经物是人非。虽然这种变化总的来说是好的，可对于一些人来说，还是难以轻易放下对往日的怀念。

市中心有一片长方形的空地，由于无人打理，长满了野草和野花。那里原本是抚台衙门，革命爆发时，这里被烧成了平地，之后便再无人问津了。街道两侧老式的茶馆也几乎看不见了，只剩下一两间还在那里坚持着，这应该也和当地人们的生活方式发生了变化有关。有了更多的打发时间的方式，谁还愿意坐在茶馆里喝着茶，谈论唐诗宋词呢？

杭州也已经是一座现代化的城市了，这里有电器，有电话，不但开设了工厂，还成立了工业专科学校。学生们可以在专科学校里学到许多工业技能，这些技能都能帮助他们在毕业时找到合适的工作。

蒋梦麟认为，虽然在杭州的郊区，仍存在一些比较落后的村落，但这些村落早晚都会被现代化文明的风吹过，渐渐向现代化的村落过渡。他说："虽然生活方式未曾改变，新生一代的心理却正在转变。播在年轻人心中的新思想的种子，迟早是会发芽茁长的。"

在余姚、上海、杭州等地看到的这些现象让蒋梦麟的心中燃起了希望，他更加坚定了开展新式教育的决心，也更加期待一个新世界的到来。

2. 再踏上海滩

所有的学子都将学业有成，衣锦还乡视为最大的成就。蒋梦麟早期也是如此，然而自从在国外留学之后，他便改为将学业有成，报效祖国视为最大的成就，只不过究竟以何种方式去报效祖国，他暂时还没有想好，于是回国后不久，在黄炎培的推荐下，他进入了商务印书馆，成为一名编辑。

黄炎培是上海人，年少时便曾在家乡任塾师，后考中秀才和举人，并多次创办小学堂、小学、师范讲习所、中学等教育机构。1915年，黄炎培担任"游美实业团"的随行记者，与一群中国实业家一同到达美国。实业团结束游览后，他独自一人留在了旧金山，专门考察世博会教育馆，并记下了大量素材。

之后，黄炎培结识了蒋梦麟，两人一见如故，惺惺相惜。得知黄炎培想要寻找一处距离世博会会场较近的房子，蒋梦麟便向他推荐了自己所住的公寓，于是两人成为邻居。在这期间，两人时常一起探讨教育相关话题。后来，黄炎培因有要事不得不回国，还请蒋梦麟代他参加了万国教育联合会，并再三嘱咐蒋梦麟，一定要特别关注职业教育和体育方面的问题。

黄炎培对蒋梦麟极为欣赏，特别是看到蒋梦麟亲自调查整理出的《美国加利福尼亚省教育行政制度一览表》后，更加确定这名年轻人是未来不可多得的教育类人才。所以在他回国之后，仍然会不时安排蒋梦麟参加一些活动，以培养锻炼蒋梦麟。蒋梦麟本人对职业教育也有兴趣，所以对于黄炎培的安排，他都欣然接受了。

得知蒋梦麟即将回国时，黄炎培很是高兴，于是他为蒋梦麟联系了商务印书馆的工作，并让蒋梦麟兼任江苏省教育会理事。商务印书馆的主持人张元济从黄炎培口中得知了蒋梦麟的一些信息后，对这个年轻人产生了兴趣，直接交谈后，更欣赏蒋梦麟的才干和学识，于是二话不说，同意让蒋梦麟进入商务印书馆。

商务印书馆创办于 1873 年，是中国出版业中资历最古老的出版机构，人们将它与北京大学一并称为"中国近代文化的双子星"。如今，它已经是现今中国最有名的出版机构之一。能够在这样的机构中工作，是许多人梦寐以求的事情。在最初商谈时，蒋梦麟也答应了对方的要求，除有不得已的原因，五年内双方不得解除合同。

张元济自 1901 年进入商务印书馆后，便开辟了翻译领域，他提出，如果能够将国外一些优秀的文章和书籍引入国内，翻译成中文，对于开展新文化运动有很大益处。一方面为了配合工作，另一方面出于个人兴趣，蒋梦麟进入商务印书馆后不久，便将自己译好的《美国总统威尔逊参战演说》递交了上去。

威尔逊在一战中尽力避免战争殃及本土，提倡公正与和平，后不得已加入战争，却也不与任何一方为伍，被人们誉为正义和真理的化身，并因此在全世界引起轰动。威尔逊的参战演说也被许多国家的人们视为充满正能量的文章，被翻译成多种语言版本，在不同国家出版。《参战演说》共有 8 篇，蒋梦麟凭自己多年积累的英文功底将它们全部翻译成中文，交予商务印书馆。

商务印书馆认为这样的文章对于当时的中国人同样能够起到振奋的作用，立即出版，果然受到了读者们的热烈好评。第二年，再版重印，蒋梦麟功不可没。

张元济希望蒋梦麟再接再厉，利用他在国外多年的经验，向国内引入更多优秀的西方思想文化，为国内人民提供更多优秀的精神食粮。巧得很，蒋梦麟的心中也正是这样想的，于是他欣然同意。同年 11 月 1 日，蒋梦麟提交了《编译高等书籍条议》，得到了商务印书馆的批准，并被任命为这一项目的负责人。

递交《编译高等书籍条议》之前，蒋梦麟曾给胡适写信征求意见，然而半个月过去都没有收到胡适的回信。他再次去信，终于收到了回信。得知胡适对此事表示赞同，蒋梦麟很兴奋，急忙与胡适商量接下来的安排。在信中，蒋梦麟对此事表现出极大的热情，他已经准备与国外的留学生们联系，尽可能扩大资源和范围。

蒋梦麟的热情感染了许多人，也得到了许多人和机构的支持，只有一个例外，那便是北京大学。早在蒋梦麟提出这一选题之前，章士钊便提过类似的方案，只不过他的方案更偏向于北京，而蒋梦麟的方案覆盖面更广。或许受到了章士钊的影响，北京大学有意单独进行北京的部分，并由他们学校自己的出版社出版。

在北京大学任教授的胡适得知这一消息，立刻告知蒋梦麟，蒋梦麟则希望胡适能够起到作用，劝说北京大学放弃单独出版的计划。蒋梦麟向胡适表示，他已经对此套书做好了全面的规划，包括版式和封面设计，他都已经有了想法，除此之外，他还有其他的计划。

蒋梦麟告诉胡适，他希望能够出一部由他一人策划的，包纳哲学、教育、群学、文学等西洋基本文明的全书，这部书中每一本都必须是经典，让人看过其中一本之后便想要看其他几本。他还希望这套书能够完全按照他的计划出版，否则，他有可能不继续留在商务印书馆。

为了避免北京大学参与章士钊的项目，蒋梦麟又向当时担任北京大学的校长蔡元培求助。他在信中详细地介绍了他的计划，并说："大学济济多士，如不弃寡陋，将所著为丛书之一部分，以增此价值，则不胜荣幸。否则，当彼此接洽，以免重复。受业之意，以彼此均为学术起见，且受精在沪专司承乏其事，不妨彼此协助，出一东西洋基本学术丛书。"

不得不说，蒋梦麟的想法有时还是很天真。从某些角度上看，他像个孩子一样单纯，但换个角度看，我们就能看到他那种骨子里透出的坚持和倔强。关于他离开商务印书馆的原因，有人猜测或许与这件事有关，也有人猜测是蒋梦麟太年轻，耐不住整天守着桌子和资料的枯燥，还有人猜测是因为教育会理事的工作更加适合他，所以他才舍去了编辑的工作。

总之，最后蒋梦麟离开了商务印书馆，专心投入到了江苏教育会的工作中，主要负责统一译名的工作。为此，江苏教育会还专门成立了"译名统一会旧名整理部"，由蒋梦麟担任部门主任，其原因不仅因为蒋梦麟曾在美国留学多年，有着极高的英语底子，也因为蒋梦麟在商务印书馆时从事过译书的工作。

自从晚清以来，学术界便不断有人提出，应当将译名统一化，否则，翻译出的译名各异，会严重影响中国学习西方文化，也会滞后中国文化的发展。然而，译名统一是件让人极为头痛的事，而且需要翻译的名词数量繁多，这一提议一直没有真正地实施起来。

思量再三，蒋梦麟决定在这件事上效仿日本人的做法。当时的商务印书馆下设编译所，蒋梦麟请所里的中学生们帮忙，将日本哲学及教育两部辞典中的西名挑出来，先标好日文注释，然后再留下用以标中文注释的空白。蒋梦麟将这一构想上报给江苏教育会，教育会讨论后予以批准，并将其完善为一个成熟的方案。

在江苏教育会的统筹下，蒋梦麟开始以专家们草就的《译音统一表》为基础，参照之前定好的方式，着手处理起译名统一的工作来。然而，这份工作他也没能一直坚持下去。中断的原因并非出自他自己，而是出自他身负的工作实在太多。1918年，蒋梦麟在黄炎培的大力推荐下，又承担起了中华职业教育社专职总书记的职务。

中华职业学校是中华职业教育社创办的，而中华职业教育社是由黄炎培创办的。蒋梦麟赞同黄炎培的教育理念，自然愿意帮他共同完成梦想。于是，他加入了中华职业教育社，在这个适合他发展的空间里大展拳脚。

3. 创刊明己愿

1915年，陈独秀在上海创办了《青年杂志》，并于1916年9月1日更名为《新青年》。在发刊词中，陈独秀指出，作为新社会的新青年，一定要提高自身觉悟，及时更新观念，这样才能真正实现社会改革。他在杂志中提出了"科学"和"民主"的口号，同时反对将孔教作为国教。他认为，古代历任帝王正是一直利用孔教中倡导的思想进行封建统治的。

《新青年》提出要反对一切旧信仰和旧传统，一部分作者不断在刊登出的文章中大骂孔教，这种情绪很快感染了一大批热血青年，他们跟随着《新青年》的脚步，用激进的态度批判社会中的旧现象。可以说，《新青年》的创办代表了新文化运动的展开，成为五四运动的号角。

就在由《新青年》发起的新文化运动热烈开展的同时，教育界也在进行着一场革新运动。许多如蒋梦麟一般的留学生学成归国，将国外的教育理论也带了回来。蒋梦麟既接受过旧式教育，又接受过西方教育，况且他的心中一直有着对教育事业的热情，所以看到国内出现推广新教育的热潮后，他也立刻投入其中。

早在刚回国后不久，蒋梦麟便发表过一些呼吁教育革新的文章，并提出："教育家必先知当时学术思想之大势，与夫时代之精神，非此不能谈教育也。"在蒋梦麟心中，教育要发展，其思想不能与所处时代的思想相悖。既然时代正在进步，那么教育也必然要随之进步。

除了新文化运动所带动的时代变化，蒋梦麟在教育方面也受到了孙中山不少影响。在蒋梦麟眼中，孙中山绝不仅是一位普通的政治家，而是一位懂科学的政治家。他想，孙中山对政治、商业、工业等各方面的考虑都是从科学的角度去进行的，这种思考方式和眼光都已经超出了当时那个时代的人能够想得到的。

蒋梦麟认为，中西方思想中最大的不同之处是"中国人重应用，而西洋人重理知"，正因如此，中国人才常常会在实际操作一件事之前，先去计划、设想出许多可能遇到的困难，然后一一去考虑破解的方法。有时，一些设想出的困难无法破解，中国人便伤了脑筋，犹豫不决，甚至忽略了这些困难仅仅是想出来的，未必真的会发生。

孙中山提倡的"知难行易"让蒋梦麟受到了启发，他想教育本身也是一件"知难行易"的事情，开展教育并非要从难入手，而要从易入手。此外，孙中山提出的"心理建设是其他建设的基础"也让他更加坚定要对国内的教育进行改革。

在这些因素的影响下，蒋梦麟开始创办《新教育》月刊，以"养成健全之个人，创造进化的社会"为主要目标。

在第一期《新教育》中，蒋梦麟对美国和德国的教育情况进行了大篇幅的介绍，并对两个国家的教育方式进行了具体分析，指出了其中的优点和缺点。从语气中可以明显看出，蒋梦麟更赞成美国的现代教育。

《新教育》提倡顺其自然发展孩子的本性，不用教条的东西对孩子进行规范。蒋梦麟认为，只有让孩子的本性得到了正常的发展，孩子才能够健康成长，才能够真正学到有用的知识。至于成年人，在孩子的学习过程中应该只起到帮助的作用，而不应该起到主导的作用。

这种教育理念与许多西方教育家提倡的教育理念相似，以至于一些人认为这些理念都来自于国外，蒋梦麟却不这么认为。他说，这些原本就是属于中国自己的教育理念，孟子的"性善主张"便是这一理念的原型，只不过在后期的实践过程中，这种理念遭到了扭曲，最后变成了教条。

幸好，随着新文化运动将卢梭、裴斯塔洛齐、福禄培尔等外国学者的学说引入中国，国内的人也渐渐开始意识到，那些发达国家所提倡的先进的，更适合孩子发展的教育理念其实与我国原有的孟子的学说如出一辙。人们也渐渐意识到，之前的教育方式是错误的，是有碍于孩子正常发展的。

蒋梦麟的教育革新理念重在反对僵硬的封建教育。在当时，虽然新式教育正部分地引入国内，可是国人仍然将"学而优则仕""朝为田舍郎，暮登天子堂"等视为教育的最终目的。这种为了做官而学习的思想只能为封建政治服务，不可能培养出真正的做学问的人才。

蒋梦麟说，真正的教育培育出的人应该是"活泼的人""能改良社会的人"和"能生产的个人"，而不是只知道当官，只知道为政治服务的人。"新教育之效力，即在尊重个人之价值。"

"个人之天性愈发展，则其价值愈高。"

在蒋梦麟的眼中，自古以来所遵循的教育方式不过是成年人将自己的思想强加在了孩子身上，根据成年人自身需要去决定孩子应该如何去做，这算不得教育，只算得上干涉。在研究过儿童心理学后，蒋梦麟指出："儿童只能看作儿童；他不是一个小大人，不能单拿知识来填，更不应拿书本来填，教育应该帮助儿童在心智、身体和团体活动各方面成长。"

有时，蒋梦麟很庆幸自己儿时在乡村长大，能够让他有机会接触大自然，在自然中学到许多学堂里学不到的东西。乡村的生活虽然闭塞，但是由于能够直接接触到自然界的许多东西，比如动物和植物，加上他天生就是一个好奇心极强，爱思考，爱动脑的孩子，他才能不时从死板的塾馆教育中脱离出来，他的天性才没有完全泯灭。

蒋梦麟也很庆幸他拥有一个开明的父亲，正是蒋怀清及时接纳了西方的先进文化，并支持他去新学堂读书，他才有机会接受新式的教育，有机会让自己的头脑更加充实，让自己的眼界更加开阔。

蒋梦麟本身就是一个在自然教育中成长起来的人，他自小不能接受死记硬背的东西，对亲自接触过的知识倒是记得非常扎实。蒋梦麟曾说过："个人的价值在于他的天赋与秉性之中，教育的目的就是尊重这种价值，让每个人的特性发展到极致。""社会之自觉，西洋之文明，根乎希腊之修改主义。个性主义云者，发展个人固有之能力，不使外界所压迫，养成一活泼强健灵敏之个人是也。"

在蒋梦麟看来，每一门功课对于孩子的成长都有其特殊的意义，智育提高孩子的智力，体育强健孩子的体魄，美育陶冶孩子的情操，无论孩子擅长哪一方面，都是件值得欣喜的事情，并非只有读好书本上的东西才能有出息。

《新教育》一经推出，在群众中引起了很好的反响，创刊仅仅六个月，发行的本数已经达到了一万册。虽然当时的中国已经有了《教育世界》和《教育杂志》两本比较有影响力的教育类杂志，但是这并没有影响《新教育》的推广。可以说，《新教育》的诞生引发了中国教育现代化历史第二阶段的潮流。

虽然都是提倡新文化运动的刊物，和陈独秀的《新青年》相比，蒋梦麟的《新教育》从形式上显得更加温和。杂志中没有激进的言语，没有尖锐的批判，有的都是些温和的道理和循循善诱的话语。从历史意义上看，《新教育》与《新青年》共同推动了"新思潮"的开展，也促进了新文化运动的开展。

蒋梦麟在《新教育》中付出了极大的心血，他写过许多文章，这些文章无一不充斥着他对"新青年"和"新时代"的憧憬。他的文章中充满了新的思想，他希望这些载着新思想的文章能够对他所在的社会产生一些作用。

《新教育》的创办意味着蒋梦麟距离他的理想又近了一步，从他回国后所经历的这些事中，不难看出他的心一直没有变过，他一直在用自己的方式，向着自己的理想努力着。

4. 新文化之光

1860 年的洋务运动，虽然开展了长达 35 年，部分抑制了外国经济势力的扩张，也在工业技术等方面取得了一定的成果，可到头来，由于它仍然以保护封建统治为主要任务，所以无法彻底建立一个现代化的社会，也无法彻底脱离对外的依赖性、封建性和一定程度的垄断性。这种改革对中国的社会地位也没有任何改善。

到了 1898 年，光绪皇帝发动了戊戌变法，提出要对经济、政治、军事等层面进行改革，最后也以失败告终。由于变法仅仅持续了 103 天，所以也称百日维新。值得一提的是，百日维新虽然失败了，却建立了京师大学堂，即后来的北京大学。这所大学的建立对弥补旧的教育体制缺陷有着重要意义，也在中国的历史发展中起着重要作用。

蒋梦麟曾说，如果在一池止水的中央丢一块石子，就会激起一圈又一圈的微波，这些微波会在水池中愈漾愈远，愈漾愈大。他将维新变法对社会造成的有利影响比作维新运动的潮水带来的贝壳，将北京大学里的那些新思想比作蕴蓄珍珠的活贝，并称这些活贝为中国文化思想的发展提供了重大的贡献。

到了 1910 年，京师大学堂成为一所拥有七大专业的综合性高等教育机关。1911 年辛亥革命后，京师大学堂更名为北京大学，改学制，设校长和各科学长。北京大学的第一任校长是严复，他对教学内容和教学方法都进行了大胆的改革，然而由于改革不当，导致学校不伦不类。于是他吸取教训，再次对学校进行了改革。

严复的第二次改革获得了不错的成果，然而由于之前的政治动荡对北京大学造成了不小的冲击，导致学生数量严重不足，而教员的数量却要比学生多出许多。各种不利于北京大学的谣言四起，最后变成解散北京大学的提议，尽管严复一再上书强调北京大学不可废校，教育部还是下达了"结束北京大学校办法"的通知。

在通知下达后的第三天，全国临时教育会开幕，并对此事进行了进一步讨论。虽然讨论的结果是北京大学不需废校，但之后，北京大学却动荡不断，直到1916年，蔡元培接任北京大学校长后才有所好转。

1917年1月4日，蔡元培正式进入北京大学，在进入校门时，蔡元培向在场所有校工们脱帽行礼，在当时引起极大的轰动。在就职演说中，蔡元培说："诸位来北京大学求学必有一定宗旨，要求宗旨正大，必先知大学性质，我以为大学者研究高深学问者也，大学学生当以研究学术为天职，不当以大学为升官发财之阶梯。"

蔡元培将改革学生的观念视为教育发展的根本精神，为了让北京大学成为一座真正的学府，培养出大量人才，他在接手北京大学后开展了一系列的改革，不拘一格招揽人才便是他这次改革中最关键的一步棋。

他提出了"思想自由，兼容并包"的办学方针，以及"囊括大典，网罗众学之学府"的主张，同时招收新旧两派的著名教授，凡是有真才实学的教授都被他招进了北京大学。被称为"北京大学怪人"的辜鸿铭曾说："中国只有两个好人，我一个蔡元培一个"。被称为"国学狂人"的黄侃说："如果蔡元培走了，我也不能留，因为全中国没有人能够用我。"

1917年，蔡元培将陈独秀聘请至北京大学担任文科学长。陈独秀本不想离开上海，但蔡元培"三顾茅庐"，令他非常感动，于是答应了蔡元培的邀请，并将《新青年》杂志社一并带入了北京大学的校园。自从《新青年》进入北京大学后，北京大学中新文化和新思想的火焰就越烧越高了。

仅仅两年的时间，蔡元培就将北京大学彻底改变成为一个新的学术机构，在他的努力下，北京大学中的新派知识分子越来多，新文化运动的规模也日渐扩大，所以后人时常将蔡元培称为"新文化运动之父"。

任何运动都离不开刊物的辅助，在新文化运动中，除了陈独秀创办的《新青年》，蒋梦麟主编的《新教育》也起到了不小的作用。

《新教育》杂志的创办，是蒋梦麟为了推动国内的革新运动，与国内四所著名的教育团体合作，共同发起的。这四所著名教育团体之中就包括北京大学。可以说，是《新教育》使蒋梦麟与北京大学结了缘。

自从实施了改革，北京大学呈现出一派新气象，科学和文学在北京大学分庭抗礼，许多人都开始用科学的方法研究起历史、哲学和四书五经。蒋梦麟亲眼见到这些结果，对蔡元培佩服得五体投地，他说："蔡先生就是中国的老哲人苏格拉底。""北京大学是北京知识沙漠上的绿洲。知识革命的种子在这块小小的绿洲上很快就发育滋长。"

蔡元培相信希腊人的自由研究精神，提倡"为学问而学问"，这一思想与蒋梦麟的教育思想也刚好相符，所以蒋梦麟非常支持蔡元培。

同年，胡适、陈独秀、鲁迅等人发起了一场"反传统、反孔教、反文言"的运动，这场运动就是新文化运动。

历年来，那些推崇旧思想的人总会对新的思想和文化产生排斥，因为新思想的到来必然会将旧思想取代。所以虽然蔡元培一再强调，新文化运动虽然反对旧式教育，却不是要与孔子为敌，可是许多守旧派仍然无法理解他。

杜亚泉提出"新中有旧，旧中有新"，认为那些正在打击的旧思想正是最先进的思想。章士钊则反对新旧时代之说，提出字宙的进化只能"移行"而不能"超越"，即只能调和不能完全分开。张东荪指出，调和论是最危险的言论，一旦调和，成熟的新思想就会消失。

蒋梦麟倾向张东荪，但也没有对杜亚泉和章士钊的思想主张进行完全否定。什么叫作新思想？蒋梦麟想，并不是新时代就等于新思想，西洋人也不能作为新思想的标准，真正的新思想是一种态度，抱有这种态度的人不会满足于国内现有的生活状态，也不会满足于国内现有的思想，因为现有的思想并不能使人得到知识上的充分满足。

蒋梦麟将新知识看作一种对丰富生活的追求，对愉快的知识活动的追求的态度。所以人们一直说蒋梦麟"亦中亦西"。

教育是存在于社会活动之中的一种活动，不能独立存在，所以教育的思想也要依附社会的主流思想才能够立足。能够对教育进行支配的思想有四种，政治思想最重，社会思想其次，社会潮流再次，学术思想最次。

新文化运动中的教育改革主要受到四种因素的影响：民国初期尚未清除的封建思想时刻牵制着新文化的进行；西方民主科学的社会思想打破了原有的教育特权，为学制改革奠定了基础；民主和科学的思想以及杜威的实用主义渐渐被中国人民接受；蔡元培等教育家在各所大学进行改革，并开始采用先进的教育思想。

在这场著名的运动中，蒋梦麟的《新教育》与陈独秀的《新青年》一个在南，一个在北，两者相互呼应，对新文化运动做了充分的宣传。

在新文化运动中，蒋梦麟将《新教育》作为他的阵地，不断发表与教育有关的文章，如《今后世界教育之趋势》《高等教育与思想及言论自由》《杜威之道德教育》等。他用独特的见解，犀利的文笔，将自己的理念阐述出来，在当时的社会上产生了广泛的影响。

1920 年，蒋梦麟继续在《新教育》上为新文化运动助威，并为该运动开设了一期专栏，专栏中收录了由各位校长、教授、学生、实业家等人写的，对运动进行评价的文章。这是一种对新文化运动的总结和反省，也是一种对新文化运动成果的储存。

无论提倡教育改革，创办《新教育》，还是支持新文化运动，蒋梦麟一直心系教育事业，他力求将自己的教育理念大力推广，希望能够有越来越多的人重视教育改革，重视儿童教育，让孩子在正确的教育中得到全面发展。他的这些理念让许多儿童受益匪浅。

5. 校园历风波

新文化运动愈演愈烈，在北京大学学生的带动下，五四运动在北京爆发了。五四运动的产生将新文化运动划分为前后两个阶段，在前一个阶段，新文化运动的性质属于资产阶级民主主义的文化运动，在后一个阶段，新文化运动的性质则属于无产阶级民主主义的文化运动。

1919 年 5 月初，国内收到了欧战中的战胜国欲将青岛送给日本的消息。这一消息引起了学生们的强烈愤慨。在一群北京大学学生的带领下，5 月 4 日，3000 多名在北京就读的大学生一起走上街头，举着标语和旗帜，高喊"还我青岛！""打倒卖国贼！"的口号，浩浩荡荡地游行示威。

学生们来到大使馆界外，请求进入界内示威，可是等待了许久都得不到应允。在一声不知由谁喊出的"到曹汝霖家去！"的口号下，焦躁的学生终于暴动了，他们涌向了曹汝霖的住所，用石块和砖头打破了外窗，又砸毁了院墙，最后集体冲进了曹宅。

在学生们眼中，曹汝霖和章宗祥、陆宗舆一样都是亲日分子，是"卖国贼"。进入曹宅后，学生们四处搜索曹汝霖的身影，可是曹汝霖并不在家中。为了泄愤，学生们打碎了曹宅里的古董，砸坏了家具，撕毁了字画，他们还翻出曹汝霖收藏在柜子里的山珍海味，把它们扔在地上用力踩踏。

临走时，有人在曹宅放了一把火。一直躲在厨房的章宗祥本想趁着火的机会逃走，可是他刚一出现，就被学生们当成曹汝霖抓住，一顿拳打脚踢。学生们不认识章宗祥，所以当他们听到有人喊"打错了，这不是曹汝霖"之后，便停了手。此时，章宗祥已经被打得只剩一口气。

五四运动令北京大学成为学生运动的先锋，也使北京大学处在了风口浪尖上。北京政府派出武装警察先逮捕了近 60 位学生，之后又逮捕了 1000 名尾随的学生，这件事导致全北京的学生罢课，几天后，全国的学生都开始罢课，北京政府不得不释放了全体被捕的学生。

学生们被释放了，蔡元培的心中却有些不踏实。他不反对学生们游行抗议，却没有想到学生们会在开展运动的时候烧人宅邸，乱砸乱打，将事情闹大了。

学生们的暴动让身为校长的蔡元培遭受到了北京政府的强烈斥责。在五四运动爆发当天晚上的内阁紧急会议上，北京政府国务总理钱能训就以极其恶毒的语言攻击了蔡元培，并将为蔡元培辩解之人骂得狗血淋头，由此可见北京政府对蔡元培的愤怒。北京政府认为，学生们的闹事并非是自发性质的，而是在蔡元培的指挥下进行的。

一时间，北京政府的人提出解散北京大学，罢免蔡元培，拘捕所有参与闹事的学生。还有一些人宣称要焚烧北京大学校舍，杀光北京大学学生，暗杀蔡元培。面对这样的形势，蔡元培深知自己若是不离开，不但会给北京大学带去灾难，还会连累无辜学生，于是他决定，在政府罢免他之前主动提出辞职，给北京政府一个交代，好让他们放过学生们。

蔡元培悄悄地离开了北京大学。离开前，他在报纸上登了一条通告："我倦矣！'杀君马者道旁儿。''民亦劳止，汔可小休。'我欲小休矣！北京大学校长之职，已正式辞去；其他向有关系之各学校、各集会，自五月九日起，一切脱离关系。特此声明，惟知我者谅之。"

"杀君马者道旁儿"出自汉代《风俗志》，原意为一个善于养马的人因为听到周围人称赞他的马好，跑得快，于是不停加鞭催马，最后使马累死了，后被人们引用为过度的吹捧可以让人过于自我陶醉，最后害了这个人。"民亦劳止，汔可小休"出自《诗经》，原意是百姓已够辛苦了，应该可以稍作休息。

关于这则通告的实际含义，人们做出了各种各样的猜测，有人认为蔡元培赞扬学生运动，认为学生闹事可推翻政府里的卖国贼；有人认为蔡元培在指责学生们闹事让他心灰意懒，不愿再去参与学生之间的事情；还有人认为蔡元培本人是个无政府主义者，所以看到学生们与政府产生冲突后，为求自保，才逃离是非之地。

蔡元培为了平息这一纠纷，在离开后写信向北京大学的学生们作了解释，他说他相信引发学生运动的根本原因只是学生心中难以平息的爱国热情，学生们并非存心要与政府作对，而他身为校长，没能处理好此事，造成严重后果，理当引咎辞职。况且，他在北京大学辛苦多年，确实累了，想休息，所以决定离开。

人们看到蔡元培登出的这条通告时，蔡元培已经离开了北京，辗转去了杭州。蔡元培在职期间所做的贡献有目共睹，也得到了所有学生和教员们的认可，所以当学生们得知蔡校长辞职的事情后，急忙写信给教育总长，要求"万勿允准辞职"。北京大学的教员们则做出了"如蔡不留，即一致总辞职"的决定，并派出李大钊等 8 人为代表去教育部请愿。

得知蔡元培辞职，蒋梦麟感到非常震惊，也非常意外。只是他当时不在北京，所以对其中许多细节不得而知。

1919 年 3 月，北京大学社会学教授陶孟和在日本遇到了杜威，并邀请杜威来华讲学，杜威欣然同意。陶孟和将此事告知胡适、蒋梦麟、陶行知等杜威曾经的学生，这些人得知后非常激动，并希望杜威可以在中国停留一年左右，杜威也同意了。

之后，蒋梦麟等人开始着手为杜威访华之事做准备，不断在《新教育》上发表文章鼓吹杜威的教育思想和哲学理念。同年 4 月 30 日，杜威携家人到达上海，蒋梦麟作为杜威曾经的学生和忠实的追随者，前去迎接。之后的半个月里，蒋梦麟一有空就会陪伴在杜威身边，随他一起参观上海，并对沿途所见之处进行讲解。

5 月 3 日，杜威在江苏省教育会进行了他的第一场演讲，蒋梦麟担任了他的翻译。4 日上午运动爆发时，蒋梦麟仍然在担任杜威演讲的翻译，对该事并不知情。直到第二天，看到报纸上刊登的消息，蒋梦麟才知道学生游行一事。只是他并没将这件事看得有多严重，所以没有及时回到北京大学，而是继续留在杜威身边，担任他的翻译，并陪同他游览杭州。

蔡元培辞职后，代任教育部总长的袁希涛考虑到蔡元培一直与蒋梦麟关系较好，便写信给蒋梦麟，请他帮忙劝说蔡元培回到北京大学。

蒋梦麟一直支持和尊敬蔡元培，所以收到袁希涛的请求后，他便接受了劝说蔡元培的任务。另外，他也考虑到，杜威来华讲学时，是蔡元培以北京大学校长的身份出面与杜威所在的哥伦比亚大学进行联系，若是北京大学因为蔡元培离职一事而解散，杜威的讲学也无法继续进行下去了。

在蒋梦麟等人的劝说下，蔡元培似乎动摇了，表示同意复职。可就在蒋梦麟刚刚松了一口气时，蔡元培却反悔了，声称"卧病故乡，未能北上"。

蔡元培刚刚请辞后，北京政府曾试图让马其昶继任北京大学校长，最后在北京大学师生的一致反对下放弃了。之后，北京政府又选了蔡元培曾经的学生胡仁源，没想到同样遭到了师生们的反对。此事几经波折，最后在汤尔和的提议下得到了解决。汤尔和的提议是，蔡元培同意复职，但由于身体原因实在不便马上回去，所以请最信任的弟子蒋梦麟代理北京大学校长一职。

一件原本与蒋梦麟无半点关系的事情就这样落到了他的头上，令他吃惊之外又有些忐忑。他从未想过蔡元培会让自己代理北京大学校长，并且还是在如此尴尬的时刻。他知道北方教育界对自己的印象并不好，而且他一直想要在南方成为一名思想家和教育家，所以他不想去北京，并以上海工作太忙的理由拒绝了这一提议。

面对蒋梦麟的婉拒，汤尔和并没有放弃，提出了允许蒋梦麟在代理北京大学校长一职的同时保留他原有的职位和工作的条件，汤尔和说，蒋梦麟可以半年留在上海，半年留在北京。汤尔和的让步令蒋梦麟再没有拒绝的理由，于是他同意了这一建议，担任起北京大学代理校长的职务，并在蔡元培能够回京之前代他处理北京大学一切日常事务。

1919 年是蒋梦麟生命中奇迹性的一年，也是他与北京大学缘分开始的一年。这一年，他在蔡元培的邀请下受聘于北京大学，担任教授，同时成为北京大学的代理校长。这次代理虽然时间不长，但却成为他人生中一个重要的转折点。

第四章　北大重任一人担

1. 无招胜有招

想当年，蒋梦麟两位浙江高等学堂的同学路过上海时，曾向蒋梦麟吐露了他们的这种想法，并邀请蒋梦麟与他们一起去参加即将在安庆举行的一场暴动。

在两位同学的动员下，蒋梦麟有些心动，但由于当时已经答应一位堂兄不久后去日本，便没有立刻与那两位同学一道前去。谁也没有想到，这次错过恰恰使蒋梦麟躲过了一劫。安庆的那场暴动失败了，两位同学中一位当场毙命，另一位被捕入狱，生死未卜。

如今，若是没有五四运动，没有学生闹学潮，蔡元培或许不会选择离开。若不是汤尔和向蔡元培提出让蒋梦麟担任代理校长，那么蒋梦麟或许就没有机会在北京大学创下无数业绩，自然也就没有他后来将自己称为"北京大学功狗"一说。

在由蒋梦麟代理校长这件事上，汤尔和起了重要作用。当时的汤尔和不仅是如今的北京医科大学的前身——北京医学专门学校的校长，同时也是北京国立各专门以上学校校长联合会的代表。具有如此的身份地位，再加之他本人非常善于处理行政问题，并以为人策事而为乐，所以蔡元培愿意将自己不擅长处理的各种程式事务交给他处理。

在当时，汤尔和与北京大学的马叙伦教授掌控着整个北京教育界。马叙伦与汤尔和及蔡元培都有着很好的关系，若是让他担任北京大学代理校长，倒也不令人意外，可是汤尔和知道马叙伦这个人性子过急，容易冲动，所以没有选择他。考虑再三，汤尔和最后选中了蒋梦麟。

胡适曾说："尔和爱护蔡先生，自是诚意；其推崇梦麟，似也是出于诚心……他拔出梦麟，亦有造于梦麟，不然，他（蒋梦麟）也许被黄任之诸人毁了。"胡适口中的黄任之即将蒋梦麟邀入江苏教育会的黄炎培。在当时，黄炎培已然是东南教育界的领袖人物，蒋梦麟作为他的跟随者，自然也是事事尊重他的意见，以他的安排为主。

汤尔和轻而易举地针对各种阻碍想出了应对之策，让许多困扰蔡元培许久的疑惑瞬间烟消云散，也打消了蔡元培对此事的种种顾虑。在汤尔和的极力促使下，蔡元培找到了蒋梦麟，将汤尔和的规划一一道出，并与蒋梦麟细谈起北上之后需要进行的事情。

对于北上一事，蒋梦麟的心中存有一些担心。一直以来，他都在东南发展他的事业，并取得了很大的成绩，是东南教育界的名人。在北方教育界的眼中，他是一个对北方教育界不怀好意的人，如今他担任了北京大学代理校长一职，更被视为北方教育界的威胁。他很担心自己北上之后会遭到许多人的排斥。

除了来自教育界的压力，蒋梦麟也担心北京大学内部的问题。为了使他安心，蔡元培对他说："大学生皆有自治能力者，君可为我代表到校，执行校务，一切印信，皆交君带去，责任仍由我负之。"

蒋梦麟向蔡元培提出了两点要求："一、只代表蔡元培个人，而非代表北京大学校长；二、仅为蔡之督印者。"蔡元培同意了蒋梦麟的这两点要求，并告诉他："一、各界代表之至杭者日必数起，迄未答谢，请代表致谢各界；二、代表蔡说明有回北京大学之决心；三、大学责任，蔡愿意继续完全担负。"

有了蔡元培的保证，蒋梦麟的心中踏实了许多，他答应六天之后与汤尔和一起北上，之后便立刻回到上海，处理尚未完成的江苏教育会的事务。

在正式就任北京大学代理校长之前，还有一件事必须要做，就是为蒋梦麟安排一个身份。按照规定，只有北京大学的教授才有资格担任北京大学代理校长。由于蒋梦麟一直从事教育事业，所以蔡元培先将他聘为了北京大学的教育学教授，之后又任命他为总务长。有了这样两个身份之后，蒋梦麟就可以理所应当地接过代理校长一职了。

对于任命蒋梦麟一事，前来上海和杭州劝说蔡元培的北京大学教员和学生代表们都没有异议。以张国焘为主的学生代表们还曾亲自上门拜访过蒋梦麟，向他表示了欢迎。1919 年 7 月 20 日，在汤尔和与张国焘等人的陪同下，蒋梦麟动身北上。临行前，蔡元培特意交给他一封信，信中细数了任命蒋梦麟为代理校长的原因：

"元培因各方面督促不能不回校任事。惟胃病未瘥，一时不能到京。今请蒋梦麟教授代表。已以公事图章交与蒋教授。此后一切公牍均由蒋教授代为签行，校中诸事务请诸君均与蒋教授接洽办理。特此奉布。"

就这样，蒋梦麟带着蔡元培的"懿旨"来到北京大学，成为北京大学的代理校长。由于为人一向低调谨慎，蒋梦麟并没有大张旗鼓地宣扬自己就任的事实，就连蔡元培的信都是由其他人油印之后分发给各位教员的。这种放低身份和姿态的方式使蒋梦麟不但赢得了北京大学教职员工们的好感，也赢得了教育部的好感。

就在蒋梦麟到达之前，北京大学校园中还有一些人对他心存戒意，认为此事是江苏教育会想要趁火打劫，夺取北京大学的控制权，才将蒋梦麟送过来。那些反对黄炎培和蒋梦麟的教授对此事表示了极大的不满，可由于此事是蔡元培提出的，他们又不能太过激烈地反对，这让他们一时间不知如何是好。

在教职员工会议上，蒋梦麟真诚而谦虚地说："我只是蔡先生派来代捺印子的，一切仍由各位主持。"看到蒋梦麟如此，那些持反对意见的教授们终于改排斥为拥护，蒋梦麟此举已经给足了他们面子，他们若是再反对，那便成了不识大局的无理之人。于是，会议顺利结束，没有一人发出反对的声音。

如果当时蒋梦麟一进入北京大学，便向所有人宣称他是受蔡元培之托来代理北京大学事务的，必然会引起那些心存不满的教授的愤怒。之前对他以及江苏教育会的猜测也会变成"有事实可依"的断定。可是，蒋梦麟并没有这么做。

后人对蒋梦麟此次经历的评价是"无招胜有招"。从表面上来看，蒋梦麟什么都没有做，他只是谦虚地向全体教员表达了自己前来的目的和任务，表达了自己不过是暂代蔡元培签字表态，真正的行事权仍然在广大教员的手中。而事实上，正是他这种看起来什么都没有做的姿态，才让所有人都说不出话来。

蒋梦麟的到任使得北京大学又恢复了平静。不仅如此，北京大学的许多教授都对蒋梦麟抱以了希望，认为他有能力将北京大学建设成为一个真正的学府，给北京大学一个美好的未来。

在北京大学学生举办的欢迎会上，蒋梦麟向学生们提及了蔡元培的精神和美德，称赞蔡元培在为人方面同时具备中西方优点，并且大度温厚。他号召学生们要注重"温良恭俭让""重美感"和"平民生活"。之后，他对五四运动做了总结，让学生们务必以学问为最大任务，不断积累劳苦工作，这样才能形成文化，从而达到救国的目的。

在当时的大学校园中盛行着一种现象，学生们整日参与各种各样的游行和示威活动，今天反对这个，明天反对那个，许多学生太热衷于这些活动，甚至忽略了学习。蒋梦麟对这种现象感到忧心，他在欢迎会上告诉学生们："救国当谋文化之增进，而负此增进文化之责者，惟有青年学生。""吾人若真要救国，先要谋文化之增进。"

蒋梦麟提醒学生们不要"为他人补破衣裳"，而是要专心研究学术，发挥一切，增强个人的文化修养，同时注意个人身体素质的提升，因为只有拥有了健康的体魄，才能创造文化，肩负起重大的责任。他告诉学生们，要"照耀全国，照耀亚东，照耀世界，照耀千百年而无穷。"

蒋梦麟在这次演讲中阐述了他的教育思想，之后的几十年中，他一直坚持着推广这种教育思想，将这种教育思想作为了治理北京大学的基本原则。在北京大学的日子里，蒋梦麟时刻谨记临行前蔡元培嘱咐他的话，努力"使大学为全国文化之中心，立千百年之大计"。

教职员工们对蒋梦麟的主张和做法都非常支持，这也使得教务事务进行得非常顺利，无论是招生还是课程安排。学生们也很乖巧，没有再闹学潮，将精力都投入在学习上。北京大学就此进入了一段时间的稳定时代，并平静地朝着成为中国最高文化中心的方向发展着。

看到学校变得清静，蒋梦麟感到欣慰。他开始对北京大学的远景进行规划。虽然一直在向大家宣布，自己只是暂代校长一职，并无实权，可是不知不觉中，他已经将自己视为北京大学的一分子，他的心中开始有越来越多的设想，有越来越多的希望。

2. 改制为重生

汤尔和是位善于处理行政关系之人，再加上马叙伦和胡适等人的支持和帮助，蒋梦麟的工作进展得很顺利，对此蒋梦麟心存感激，他说这些人不仅单单帮了他自己，也帮了整个中华民国。

在汤尔和等人的带动下，在蒋梦麟低调作风的影响下，北京大学的其他教授们也纷纷响应蒋梦麟的主张。然而有社会的地方必然存在各种差异，学校中还是有一些人不支持蒋梦麟，这其中，最不配合的就是沈尹默。

沈尹默原名沈君默，在北京大学担任教授时，由于他很少发表言论，其他教授便调侃他，说他如此沉默，不需有口，不如把"君"改为"尹"，后来沈君默就改名为沈尹默。沈尹默与蔡元培的关系既是同事，也是好友，却与马叙伦的关系有些尴尬，汤尔和深知这一点。此外，有人曾告诉他，沈尹默表面上与蔡元培是好友，实际一直在利用蔡元培，想以蔡元培为靠山，提高自己的身份和地位，若是知道蔡元培选了其他人，必然极力反对。

在研究蒋梦麟代理北京大学校长事宜时，沈尹默与蔡元培都在杭州，然而汤尔和料到沈尹默会反对，于是有意对他隐瞒了此事。直到这件事情基本定下来之后，才将此事转告给他。沈尹默知道之后，果然非常反对这一方案，他认为此事是汤尔和在江苏教育会的授意下提出的，并说了许多难听的话。汤尔和对沈尹默的反应并不意外，由于蔡元培已同意此事，所以汤尔和没有与沈尹默进行争辩。

面对愤愤不平的沈尹默，汤尔和建议他出国，并表示一定会帮助他，汤尔和的这种做法更让沈尹默感到不公平。沈尹默认为汤尔和这种先斩后奏的做法明显是在耍他，心中自然非常郁闷，他本就不赞成蒋梦麟的"遣代"，如此一来，他更加排斥蒋梦麟，对蒋梦麟的工作也不予支持。

蒋梦麟就任代理校长之后不久，沈尹默准备回到南方。临行前，汤尔和为他饯行，并对他进行了一番调侃，想要试探他对蒋梦麟的真实态度，没想到，沈尹默竟然将这番调侃当了真，表情变得格外严肃。汤尔和见状，急忙解释自己说的并非实情，只是开了个玩笑，请沈尹默不要当真。

汤尔和对沈尹默开的玩笑主要针对之前提出的，要送沈尹默出国一事。汤尔和说，他本向蔡元培提过多次送沈尹默出国的事情，蔡元培也同意了他的提议，然而如今北京大学是蒋梦麟负责，蒋梦麟不同意，他的推荐也就没了意义，这件事便只能不了了之了。

汤尔和没想到自己刚刚说完，沈尹默的脸色就变得很难看，虽然沈尹默并没有当即斥责蒋梦麟，但可以看出，他对蒋梦麟的排斥更深。虽然后来汤尔和对此事作了解释，沈尹默也相信了这些话只是玩笑，但是他的心里还是很受伤。看到沈尹默难过的样子，汤尔和心里也不好受，暗自反省自己是不是做错了什么。

在写给蔡元培的信中，汤尔和将此事原原本本讲述了一遍，他表示虽然自己推荐蒋梦麟一事是正确的，但没有提前与沈尹默沟通确是他的失误。如今这样的局面是他不愿意看到的，可是事已至此，也没有别的办法了。

自从入京，蒋梦麟一直受着来自各方面的压力，他曾在写给张东荪的信中说："好像以一个人投在蛛网里面，动一动就有蛛子从那屋角里跳出来咬你。唉！若无破釜沉舟的决心，早被吓退了。人人说市中有虎，我说我任凭虎吞了我就罢了；没有吞我以前，我不妨做些做人应该做的事。"

蒋梦麟说到做到，代理北京大学校务的日子里，他一直努力恢复北京大学的教学秩序，并号召学生们要专心学术。在他的不懈努力下，北京大学校园里渐渐恢复了正常的学术氛围，他的心也稍感轻松。

两个月后，蒋梦麟得知了一个消息，蔡元培终于要回到北京大学，这也意味着他代理校长的日子即将结束。对于迷恋权位之人，这个消息无疑是一个坏消息，何况刚刚通过自己的努力创出一些成绩，马上就要交给其他人，任谁都会有一些不痛快和舍不得。然而蒋梦麟却并非这样的人，更何况他一直崇敬蔡元培，所以当得知蔡元培要回来一事之后，他非常高兴。

蔡元培回到了北京大学，全校师生热烈欢迎。蒋梦麟代理校长一职取消，总务长的身份保留，之后近一年里，蒋梦麟一直以北京大学总务长的身份协助蔡元培，帮助他进行教育体制的改革。蒋梦麟在留学期间曾主修教育学，并且有着丰富的教学研究经验，既有学问，又深知学生的心理，工作起来自然游刃有余。

蒋梦麟想，想要彻底实施教育改革，就不能用旧瓶装新酒，一定要对学校现有的制度进行全面革新，并对学校的现有结构进行改组。蔡元培也同意他的这一观点，并在他的提议下为学校设立了总务处和教务处，对原有的其他处室作了调整。这样，一个系统化的有机体便在北京大学形成了。

改组后的北京大学提倡教授治校，自此，北京大学的教授们不再单纯进行学术教学，同时也要负担起学校的各项事务，以及对学生的思想教育。作为总务长，蒋梦麟要负担的责任自然更多，虽然各委员会的成员是在教授们的投票下产生的，但具体的聘任还是要由他负责。

除了建议学校建立正常的组织系统，心思细腻的蒋梦麟却总觉得还缺点什么。仔细考虑了一阵之后，他想，学校是所有教授们每天生活时间最久的地方，所以这里不应该仅仅是一个教学机构，也应该是一个能让教授们感到亲切和温暖的地方。这样的念头让他决定，在学校建立一个"北京大学教职员会"。

蒋梦麟将这一想法与其他同事提过，大家都非常赞成他的这个想法，因为他们确实希望学校中能够多一些人情味和生活的趣味。于是，1920年1月21日，关于这个组织大纲的起草委员会成立。同年2月7日，临时委员会成立。一个月后，北京大学教职员会召开了成立会议，并在会上就选举事务委员一事进行投票。3月21日，北京大学教职员会正式成立。

1920年3月，蒋梦麟正式创设了总务处、教务会议、组织评议会、行政会议四大部。改组后的北京大学由总务长负责处理校中庶务，教务长负责学校教务，由组织评议会负责制定规程，授予学位，维持学生风纪等工作，至于日常的行政工作，则由各行政委员会负责。

在设置总务处时，蒋梦麟参照了美国的市政制。总务处下设庶务部、注册部、出版部、图书部和仪器部，各部设一名主任，主管该部所有事务，同时隶属总务部，归总务长管理。需要进行公决的事务，皆由总务长执行。总务长有权处理学校的所有事务。

教务处在组织体制上参照了欧洲的大学制，主要负责学术管理。教务长由各系主任共同选出，负责全校的学术管理，任期一年，年满再选。

组织委员会内设评议会，主要任务是协助校长对大学内部组织的事务进行调查。评议会是学校最高立法机构，相当于民主政体下的立法机关。校长为评议长，教务长、总务长及各院的院长都属于评议会会员。

此外，为了保持其公正性，其他评议会员都会以选举的方式，由学校的各位教授互相选出，选举的比例为五分之一。北京大学的80余名教授中，有17人身兼评议员。在当时，国内的任何一所大学中都没有评议会这一机构，所以北京大学的此举是为首创。

评议会在第一次学会上提议设立组织委员会，并选举蒋梦麟担任委员长。蒋梦麟就任后的第一件事是起草《国立北京大学内部组织试行章程》，该章程经过四次开会讨论后终于通过。

行政会议与评议会一样，都是由北京大学首创的校内组织。行政会议所参照的是西方民主政体中的行政执行机构，其成员的选举采用半民主半行政的方式。第一次在行政会上确定的专门委员会包括庶务委员会、组织委员会、学生自治委员会、出版委员会、预算委员会等11个委员会。

从上述的这些事件中，足以看出蒋梦麟其人绝不是一个只懂学术的书生，他懂策略，懂管理，善观察，善思考，洞悉一切却又为人低调，所以他才能深得人心。纵观他担任代理校长和总务长的日子，他为北京大学做出的贡献远远超过了蔡元培，可是他不但不邀功，反而将所有功劳都归于蔡元培，这些都透露了他的度量和智慧。

3. 能者必多劳

在教育界，蒋梦麟不能不说是一位能者，自回国后，他先后在不同的岗位上从事了不同的工作，无论是在商务印书馆做编辑，还是在江苏教育会做理事，他都展现出了极大的才华和处事能力。

如今，身在北京大学，一个不同于之前任何一个环境的地方，从事他之前不曾接触过的工作，他有过担心，可最后那些担心都化为了实际的行动，让他又一次释放出光和热，在北京大学的舞台上大放光彩。

除了蔡元培任命的总务长和教育学教授，蒋梦麟在北京大学身兼数职，文牍、会计部主任，预算委员会委员、聘任委员会委员、学生自治委员会委员、修改预科课程委员会委员等职务都落在了他的身上。

身为总务长，处理北京大学所有行政事务已经让蒋梦麟非常忙碌，他需要整顿校务，主持每星期一次长达两小时的总务会议，同时管理总务处下属各部的事情。身为兼任的委员，他还需要切身参与到各委员会的工作中，这让他的时间更加紧张，少有休息。可是即使如此，蒋梦麟对自己的所有工作都持一丝不苟的态度，没有轻视任何一项，也没有因忙而出错。

蒋梦麟是一位出色的教育家，他博学，并且懂得学生心理，这对他从事学生管理非常有利。早在入职北京大学前，蒋梦麟便已在全国各地进行了考察，他走访了天津、南京、上海等大城市，拜访了各地各界的知名人士，并调查了当时各地五分之一的新出版物。这次考察让蒋梦麟意识到一件事，五四运动改变了国内青年们的态度。

蒋梦麟说，五四运动让全国的青年产生了疑问精神，这是一个好现象。学生们产生了这种疑问精神，才会对中国几千年来固有的思想和信仰产生怀疑，这种怀疑就像一团检验真金的火焰，可以烧毁所有伪装成"真金"的冒牌思想。然而五四运动也让学生们变得很浮躁，盲目反对各种思想，这种心态必然会影响他们今后的学习和发展。

当时的社会对青年们的心理变化并不重视，只是单纯看到他们的举动，对他们进行盲目的支持或镇压。蒋梦麟则不然，他非常重视青年心理的变化，并说学生们的行动是恶社会挑拨起来的，主要原因在社会而非学生。

进入北京大学之后，蒋梦麟力图改变青年们的这种心态。他知道青年们痛恨老式的思想和旧话的规劝，也痛恨政府限制他们言论上的自由，封闭了他们与报馆之间的联系。所以在奉劝青年们走回正轨时，蒋梦麟采取的措施是温和的，贴近学生心理的。

蒋梦麟提出要了解青年的需求，解决他们的需求，满足他们的生活。同时，他还提出了具体的建议：奖励学校自治，支持学生创办的自治团体；给学生思想自由的机会，教员不能刻意阻止学生们的自由言论；协助学生研究社会问题，将学生批评的对象由历史资料变为身边的社会现象；协助学生建立丰富的生活，让他们的生活变得丰富多彩。

蒋梦麟的这些建议在国内可谓是创新性的建议，以前学校对学生的管理如同大禹的父亲鲧治水时那般，重视堵截而非疏通，然而越是堵截，学生们的情绪越激动，气愤越难以平息。如今，蒋梦麟采取的是疏通而非堵截，学生们有了释放的空间，又多了许多健全的活动可以选择，心气自然就平和了许多。

人们做出过激的行为，往往都是由于内心的激烈情绪无处发泄，或者找不到释放的办法。蒋梦麟不但让学生们有了发表言论的场合，而且支持学生们自由思想，讨论时事，同时在校园中安排了伦理学研究、自然研究、音乐戏剧观赏等活动，让学生们在课余活动上有了更多的选择。学生们的心情舒缓了，过激的行为也就自然减少了。

果然，蒋梦麟的这一做法让许多学生都安静了下来，他们喜欢这位总务长为他们提供的新式的校园生活，更喜欢那些之前未曾注重过的课余活动。大学生原本就是充满热情，热爱生活，积极向上的群体，当他们的环境变得充满阳光和美好时，他们对生活的热爱就更加强烈，心态也就更加积极和健康。

早在初为北京大学校长时，蔡元培便提出了学生可以自由选课，允许学生挑选自己喜欢的课去听，并允许外校学生和社会人员入校旁听，只是当时可入校旁听的人中并不包括女子。1920 年 2 月，北京大学允许三名女学生成为北京大学旁听生。同年秋，北京大学开始正式招收女学生，成为我国第一所招收女学生的公立大学。

北京大学的校园中开始有了身穿蓝布上衣，黑色布裙的女学生。这使北京大学的校园氛围更加温馨。男女学生在北京大学得到了公平的待遇，彼此相处得也很和谐。与此同时，在有过留学生涯的教授们的带领下，学校里不断涌现出各种刊物和协会，这些刊物为学生们提供了言论园地，协会则为学生们提供了施展特长的空间。

蒋梦麟不但赢得了教职员工的尊敬和信服，也得到了学生们的尊重和喜爱。蔡元培看在眼中，喜在心里。他越来越信任蒋梦麟，同时对汤尔和当初提出了如此妥当的一个建议表示感谢。蔡元培与蒋梦麟师徒携手，重塑北京大学一年之后，新的相对完整的管理体系已经在北京大学稳稳地落了脚，扎了根。

蔡元培将蒋梦麟视为自己不可或缺的助手，每当他有事需要暂离北京大学时，他就会自然而然地将整个学校托付给蒋梦麟，他知道，蒋梦麟绝对不会让他失望。1920 年 11 月，蔡元培赴欧美考察，离开学校前他说："我这次出去，若是于本校不免发生困难，我一定不去。但是现在校中组织很周密，职员办事很能和衷，职员与学生间也都开诚布公。我没有什么不放心的事了。"

蔡元培此次一去，蒋梦麟自然又成为代理校长。这一次，再没有人提出任何异议，因为所有人都已看到蒋梦麟的能力，也看清了他的为人，再也没有人怀疑蒋梦麟会借蔡元培离校之机抢夺北京大学的控制权。

蔡元培离开北京大学的一个月后，北京大学迎来了 22 周年校庆。蒋梦麟以代理校长的身份在校庆大会上做了演讲，并向全体师生提出了三个要求："当输入西洋的文化，用全力去注意它"，"当整理国学"，"当注重自然科学"。

蒋梦麟将张之洞提出的"中学为体，西学为用"反了过来，提出要"西学为体，中学为用"。他说，只有运用西洋的方式才能整理国学，所以学校会大力扩充图书馆的储备，大量引进西方原版书籍。同时他号召全校学生要努力学习外文，在阅读原版西方书籍时如果有不懂的地方，要大胆向老师和同学请教，这样才能提升个人能力。

蒋梦麟建议学生们要以科学的方法去研究结果，以便将来出一套北京大学的"国学丛书"，让将来普通的国民也能够领会中国国学的奥秘和精髓。他还告诉学生们，促使西洋文化发达的根本是他们将根基打在了自然的科学上，所以同学们必须多关注自然科学，学校也会尽量为他们提供场所，让他们有机会在新的实验室里切实地研究和磋磨。

从1919年第一次进入北京大学，担任总务长和代理校长的职务，到1920年北京大学22周年校庆，蒋梦麟在北京大学仅仅任职了一年。在这一年中，虽然担任代理校长的时间加起来只有3个月，其余的时间都以总务长和各委员会委员的身份在北京大学进行工作，但他在这一年中做出的贡献是所有人有目共睹的。

在蒋梦麟身上，我们看到了"能者多劳"一词的充分体现，在教学上，他兢兢业业；在校务管理上，他不遗余力；在学生管理上，他用尽心血。

在北京大学的数年中，蒋梦麟一直尽心尽力，将研究学术作为治校的重要方针，维持蔡元培提出的方针。晚年的蒋梦麟在自己的自传《新潮》一书中曾这样写道："著者大半光阴，在北京大学度过，在职之年，但知谨守蔡校长余绪，把学术自由的风气，维持不堕。"

蒋梦麟的努力为北京大学的辉煌奠定了基础，若是没有他提出改制，若是没有他及时注意到学生的心理问题，及时挽救了一批误入歧途的青年学生，北京大学不知还要在发展的道路上多走多少冤枉路。若是没有他及时加入北京大学，追随并发扬蔡元培的理念，学术治校的目标恐怕也不会如此容易便得以实现。

4. 一心为栋梁

每个人的一生总不会一直风平浪静，一些困难，一些阻碍，一些突如其来的打击，都会让人心中生出一些不安。意志脆弱的人，或许就此一蹶不振，甚至了结余生，意志坚定的人，则会越挫越勇，积极奋发，继续朝着自己的理想前进。

五四运动爆发后，热血青年们一度迷失了自我，沉醉在狂热的爱国情感里，恨不得让自己的情绪立刻得到释放，让自己心中期望的那些结果立刻发生。然而，许多青年们的内心并不够坚强，他们只有狂热和冲动，却没有承担失败的勇气。蒋梦麟及时注意到了青年们的这种心理状态，并提出要关注和解决青年们的心理问题，然而，他还是慢了一步。

1919 年 11 月 16 日，一件轰动全校乃至全国的事情发生了。北京大学的一名学生跳入了三贝子花园的湖中，溺水身亡。事情发生时，距离蒋梦麟刚刚指出青年们正处于"过渡时期"，并提出要多关心这些青年们的心理变化，仅仅一个月之久。这名学生的举动令整个北京教育界都震惊了。

投水自尽的学生叫林德扬，北京大学法律系三年级学生，由于身患肺病，曾一度在西山疗养。林德扬本是一名拥有极高爱国热情的青年，对生活也很积极，听闻五四运动爆发的消息后，他不顾自己的身体，立即赶到山下，参与到学生会的工作中，与许多爱国青年一起宣扬抵制日货，支持国货的理念，并不时撰写一些相应的文章，投给新闻媒体。

林德扬相信实业救国的理念，对其寄予了很大的希望，并在相应的活动中投入了很大的热情，或许正是因为他的这种热情和希望，才令他在受到重大打击后无法接受失败的事实，走上了极端的路。

为了推崇实业救国，林德扬到处奔走，呼吁人们抵制日货，支持国货，然而此举起到的作用并不算大。见此状况，他认为，想要彻底让国货立稳脚跟，仅靠同学们的宣传和担货贩卖是不够的，必须要创办起中国自己的实业基础，这样才能让国货得到发展。

为了实现自己的计划，林德扬先求助于一位同乡的京官，谁知此人答应入股几千元之后突然反悔，林德扬只好拿出自己的七百多元钱，并对身边的同学们进行动员，请大家一起入股。最后，在他的带领下，一群学生在东安市场开设了"北京第一国货点"，为他们创办实业的计划迈出了第一步。

林德扬的愿望很美好，他认为，他们的国货点能够让其他国人纷纷意识到开点办厂的重要性，并加入到这项运动中。如此一来，国货实业就能够越办越大，日货也就没有了市场，同时中国也就自然能够得救。然而现实是残酷的，事实上他的国货点并没有在社会中引起巨大的反响，他所期望的效果也没有达到。

经历了重重的障碍和困难，国货点不断亏本，林德扬的热情也完全被冷水浇灭了。在奔忙之中，他的肺病加重，来自身体和内心的双重折磨让他更加脆弱，令他对实业救国的理念心生绝望，也对生活心生厌倦，于是，他选择用自杀逃避这个令人绝望的社会。在自杀前，他嘱咐朋友一定要维持好国货点，并给家中父母寄信，列出了自己生前所欠其他人的账单。

林德扬自杀一事正好应了蒋梦麟当时的担忧，由此可见蒋梦麟是多么有先见之明，他对当时青年心理的分析是正确的，所提出的疏导青年心理的建议也是正确的。可是蒋梦麟却仍然有些自责，他想如果自己能够再早一些发现学生们的问题，再早一些采取相应的措施，林德扬的悲剧或许就不会发生了。

林德扬自杀了，蒋梦麟心里很悲痛，一个即将学业有成的青年，一名有可能成为未来法律界栋梁的学生就这样离开了人世，这不是他想要看到的结果。他视青年学生为祖国的希望，希望他们都能够健康地成长，学成报国，看到这样的结果，他怎能不伤心。

当时，就读北京大学的罗家伦曾就此事发表了一篇文章，指出导致林德扬自杀的根本原因是当时的社会太过黑暗，而非疾病上的折磨，并针对此事提出了三个补救办法，建议青年们过美术的生活，朋友交际的生活，确立新的人生观。蒋梦麟看过罗家伦的文章后，对他提出的补救办法表示赞同，但不同意他对林德扬自杀一事根本原因所持的观点。

蒋梦麟不赞同罗家伦将自杀不视为罪过的观点。他说，人不进行自我保护，还要自杀，这本身就是一种罪过，虽然当时的中国社会存在许多恶劣性，但这并不能成为人自杀的正当理由。社会需要人去改良，如果人人都不去改良社会，反而结束自己的生命，那么社会就再也无法得到改良了。

仅仅因为一些打击和一次失败就结束自己的生命，在如今看来是件非常不值得的事情，然而由于当时的社会上存在太多的问题，于是一些人将这种个人的行为归罪于社会现象，认为是社会逼迫人们选择死亡，用死亡来向社会抗议，并认为这种方式才能让社会觉醒。

罗家伦赞成自杀的行为，认为奋斗到极点的人有权力和资格自杀，以此示威。蒋梦麟却把自杀看作一种示弱的表现，他说，中国人选择自杀正是因为他们心气薄弱，真正内心强大的人会选择决斗而非自杀。作为一个强毅的人，即使奋斗到极点，仍然要继续奋斗，万不可自杀。

常言道，失败是成功之母，每个人在成功之前总要经历许多的失败，在失败中总结经验和教训，提升个人能力，完善个人不足，才可能在未来的日子迎接成功。没有人一生都能行走在畅通无阻的道路上，遇到荆棘就将它剪开，遇到障碍就将它除去，不被它们吓倒，驻足不前，才能到达最终的目的地。

蒋梦麟也是这样认为的，他说，过渡时代会遇到困难和失望是难免的，新的人生观也不可以在短时间内便塑造完毕，然而生命是宝贵的，每个人只有一次生命，所以一定要保持乐观的心态，好好地活着。

林德扬自杀一事在社会上引起了巨大反响，也引发了众多人士的深思，瞿秋白发表了《林德扬君为什么要自杀呢》《自杀》和《社会运动的牺牲者》等文章，对自杀与社会之前的关系进行了探讨；李大钊发表了《青年厌世自杀问题》；《晨报》上还就此事刊登了一篇名为《读〈自杀论〉有感》的文章。在北京的杜威夫人也表示，即使自杀，也要死得其所，比如先杀死两个该死的人。

作为北京大学的校长，蔡元培自然不可能坐视不理，他于12月24日为林德扬举办了追悼会，并在会上对林德扬自杀的动机和意义进行了解读。他对林德扬在五四运动中所做的努力表示了赞扬，同时也指出林德扬想要创办理想的国货店的想法存在不足之处。他说，林德扬的愿望是好的，只是太心急，最后走上了极端的道路，他希望以后有人能够完成林德扬的遗愿。

自古以来，人们对于自杀的态度总是各持己见，众说纷纭。通常，那些被俘之后宁可自尽也不肯招供的人被称为民族英雄，那些面对敌军宁死不当亡国奴的人也会被称为有气节的人，至于那些因为个人感情而自杀，或者因为个人的失败而自杀的人，则往往会被人们鄙视。

关于林德扬自杀一事，社会上的态度主要有两种：一种赞成林德扬通过自杀向社会抗议的行为，比如罗家伦始终认为是社会杀了林德扬，林德扬此举是被迫而为之；另一种则反对这种行为，比如瞿秋白、李大钊和陈独秀都持与蒋梦麟同样的态度，认为自杀与社会不无关系，但最主要的原因还是个人原因。

瞿秋白呼吁青年人学会接受挫折和失败，在困境中保持乐观和开朗，把所有困难和挫折都当成一次难得的机遇，养成享受挫折，在挫折中成长的习惯。李大钊希望青年人能够用自杀的精神去改造世界，这样才是积极的作为。陈独秀指出自杀是一种社会现象，属于思想杀人，想要改变这种现象，必然要先改变学生们的思想。

在心态积极的人眼中，无论社会如何黑暗，都要坚强勇敢地生活下去，因为人只有活着，才有机会去改变社会，赶走黑暗，创造新生。这个世界上有不少经历了无数打击和挫折，最后成就一番大事业的人，比如那些科学家和发明家，比如那些身残志坚的人，比如那些为了革命的胜利不惜忍辱负重的革命者。

蒋梦麟是一个天性乐观的人，他向青年学生们传递的思想自然也是乐观积极的。他向学生们说明了生命的重要，提倡学生们重视生命的尊严，在他的努力下，学生们的心理状态发生了转变，得到了改善。北京大学能够培养出心理健康的人才，蒋梦麟功不可没。

5. 内忧与外患

1912 年 1 月 1 日，孙中山建立了中华民国，并提出要将中华民国建立成为亚洲第一个民主共和国。然而，他的这个愿望并没有实现。同年 4 月，袁世凯就任临时大总统，成立"北洋政府"，中华民国进入"北洋时期"。

1913 年 10 月，袁世凯正式担任大总统，之后，北洋政府便一度陷入混乱，五六个政党之间时常发生纠纷，派系之争开始变得激烈，1916 年 6 月 6 日，袁世凯去世后，中国便陷入了"军阀混战时期"，各地的军阀由于想要扩大自己的势力范围，便利用手中握有的兵权，对其他地区进行骚扰并发动战役。

五四运动爆发后，原本已经动荡不安的政局变得更加动荡，军阀之间的争斗也更加混乱。这一切都对教育的发展产生了极其不利的影响，使这一时期的教育事业发展得格外艰难。

军阀混战开始后，战争的规模从小到大，愈演愈烈。一些军阀本不想参与战争，可是为了保护自己控制的区域不被其他军阀占领，他们也开始加入到战争中。据统计，从 1916 年到 1928 年，国内一共发生了约 140 起大型战争，至于中小型战争，则多得不计其数，仅在四川省一个省内就发生了 400 多起。

北京附近的许多地方都在发生着大大小小的战役，虽然城内暂时没有受到确实的影响，却总是能听到附近传来的轰轰炮火声，这炮火声扰得城内居民不得安宁，总是担心哪一天，这炮火就越过了城墙，进入北京城内。

有一次，蒋梦麟曾在北京饭店的屋顶眺望过远方的炮火。他在自传中将看到的情景描写得很美，"……你可以欣赏夜空中交织的火网……炮弹拖着长长的火光，在空中飞驰，像是千万条彩虹互相交织"。但这不过是他苦中作乐给自己的一点安慰罢了。

炮声震耳欲聋，从早上一直响到傍晚，蒋梦麟睡觉时甚至只能仰睡，因为只要他一侧过身子，将耳朵贴到床板上，就会听到格外响亮的炮声，这些炮声扰得他无法入睡。每天晚上，他躺在床上，看着头顶被震得不停摇晃的灯罩，听着玻璃窗发出的响声，床不停地振动，他的心也非常不安。

军阀混战之前，政府的财政一般用于社会性公共开支，这其中不但包括一般大学的教育经费，还包括各大学派出的官费留学生的学费和生活费。军阀混战开始后，为了保证军队能够有充足的粮食和军饷，军阀们对百姓进行了搜刮，抢夺了百姓的粮食和牲畜，并利用政府对百姓实施各种苛捐杂税，以增加军事经费，使当时的农业也受到了严重的影响。

在当时，政府的状态也好不到哪里去，各省军阀以各种理由和形式扣下了国库的正常收入，并将这些钱用于私人军队的建设，或者干脆收入了自己的腰包。政府有时不得不以极高的利息向银行借钱，并从借来的钱中抽出一部分去满足那些贪得无厌的军阀。

军阀混战对教育事业带来的最大影响在于经费不足。在当时，军阀们整日忙于对权势的争夺，几乎将所有的财政收入都用于战争。各地政府也只会将极少的一部分拨给教育事业。1920年，北洋政府拨给教育事业的经费只占全部经费的七十五分之一，不仅如此，这点少得可怜的经费还经常被政府挪作他用。

巧妇难为无米之炊。蒋梦麟进入北京大学后一心办学，可是办学需要经费的支持。对于学校而言，经费就是维持学校生命的血液，没有了血液，再多的想法都无法实现，再多的计划都只能是一张废纸。

五四运动使北京各大高校成为北洋政府的眼中钉，而作为发起这场运动的北京大学，北洋政府更是心存恨意，所以时常克扣或拖欠北京大学的教育经费。北洋政府此举无疑给北京大学设下了一个巨大的障碍，因为任何项目在实行前都要根据经费进行预算，而经费无法按时到账，预算就无法进行，所有项目也就无法进行。

1920 年 9 月，蒋梦麟在北京大学全体大会上承认了北京大学正面临着重大的困难，并告诉全体师生北京大学目前最困难的问题，是不能按期领到校款，北京大学目前只能采取拆东墙补西墙的方式维持运营。蒋梦麟还告诉学生，去年学校欠一家建筑公司的巨款，对方由于屡次讨债不成，便专门堵在蒋梦麟家门口进行讨债，中秋节前每天都会去，害得蒋梦麟一家人不得不在中秋节时一起躲去了西山。

蒋梦麟的一番话获得了师生们的理解，他们不再因学校时时不能开展各种项目而胡思乱想，或者怀疑学校。然而，这并不是解决根本问题的办法。面对北洋政府的刁难，蒋梦麟没有放弃，仍然一心为了学校的发展而努力。

在这样的状况下，蒋梦麟努力维持了三年，然而北京大学的经济状况并没有好转。到 1923 年 9 月，北洋政府已经连续拖欠北京大学 8 个月的经费，共计 50 万元之多。为了维持学校正常运行，学校已经垫出了超过 17 万元的经费，可是这些经费远远不够正常的预算，所以之前计划建的大会堂和图书馆都没能建成，给学生们添置图书和仪器的计划也不得不搁浅。

蒋梦麟也曾发愁过，他在写给胡适的信中说："半年的欠款，六百的饥饿教职员，三千惹祸的学生，交到我手里，叫我怎么办！"蒋梦麟这样说并不是没有根据的，在当时，由于政府欠薪情况严重，一些教员们已经发起了暴动，并且学生们也参与其中。

任何梦想的实现都需要物质基础作保障，教员们需要生活，却一直不能按时领到薪水，甚至常常两三个月才能领到半个月的薪水，这样的生活激起了广大教员的不满，于是北京大学的一些教员开始罢课，并联合其他七个国立大专学校的教员一起，要求政府发薪。他们这种方式能够让他们得到半个月的或一个月的薪水，可也只能解一时之急。

1921年6月，几百位教员带领一大群学生将教育部围了起来，要求教育部发放拖欠教员们的薪水，各校的校长闻之立刻赶到教育部进行调解，却和教育次长一并被教员和学生们押往总统府。

教育次长走到教育部门口时，本想以外面在下雨为借口，不想继续前行。然而旁边一名学生递给他一把雨伞，并直率地说："喏，这把雨伞你拿去！"说完便站进了雨中。教育次长无奈，只得极不情愿地向总统府走去。

在总统府外，教员和学生们遭到了宪警们的武装镇压，许多人都受了重伤，被抬去医院抢救。宪警们用刺刀和枪把殴打教员和学生，法政大学校长王家驹被撞倒在地，像一个死人；担任北京大学政治学教授的李大钊上前理论，却被宪警们无视；北京大学国文系教授马叙伦被打得鼻青脸肿，流血不止，却还不忘指责宪警队的无理。

还有一次，教员们冲进财政部，要求政府发放欠薪，财政部的人害怕教员们的气势，一个个从后门溜了出去。无论哪一种暴动发生，最后负责任的都是校长。在代理北京大学校长的日子里，蒋梦麟经历了许多次这样的事情。若是他想脱身，也并非不可，因为凭他的才能和社会关系，他完全可以另寻一处清静之地，安心做他的教育研究。然而他没有，无论遇到多少困难，他仍然为了学校的发展四处奔波，不辞劳苦。

蒋梦麟多次向教育部索要欠款，一次又一次，明知可能性非常渺茫，却也不放弃一丝希望。除此之外，他还动用了自己的人脉，向银行贷款。汤尔和当时极力推荐蒋梦麟，其中一个原因也是由于蒋梦麟拥有极广的人脉，如今看来，这人脉恰好帮了北京大学一个大忙。

由于资金极其紧张，蒋梦麟采用了外筹内俭的方法，即对外筹款，对内节俭。1922 年 12 月 17 日是北京大学建校 25 周年，学生们本打算为学校办一场大型的庆祝会，蒋梦麟却劝他们缩小规模，减少开支，并对他们说："机关之日常生活，尚虞不给；教职员勉力维持，已久苦枵腹；庆祝事项，在在需款，将从何出。"

教育部无人负责，其他的学校也在苟延残喘，几乎快要关门。蒋梦麟曾说："在现在这种情形之下，全靠我们大家共同奋斗，方可维持京师的教育，至少也要维持北京大学的生命，决不让他中断。""所以缩小庆祝范围，实为情势所迫，愿诸同学共体斯意！至诸君爱校热诚，固麟之所深表同情也。"

面对重重困难，蒋梦麟不曾有一时想过退缩，也从未抱怨过。1923 年 11 月 20 日，七大校校长由于政府欠款甚久，决议关闭学校时，他却在北京大学校内召开教员全体会议，表达了自己无论如何都会将北京大学维持下去的决心。

蒋梦麟说，他已筋疲力尽，但仍然希望八校教职员全体能够坚持，北京大学已经坚持了 90 个月，不忍就此停废。他还表示，即使其他七校都已决心闭校，但他仍愿意负起维持北京大学的全部责任，"虽生死以之可也"。蒋梦麟的一番演讲令在座所有教职员工深深感动，纷纷表示愿意与蒋梦麟一起，将北京大学维持下去。

在蒋梦麟的坚持下，北京大学最终还是度过了这一段极艰难的日子。所有人在回想当时的一幕幕时，无不对蒋梦麟予以极高的钦佩和赞扬，称若是那段时间里没有蒋梦麟，北京大学必然已经闭校，再无生机可言。

6. 奋力抵风潮

　　每每提起代理北京大学校长的日子，蒋梦麟总是能用风趣幽默的语言将那些波折一带而过，可是所有人都知道，他在那些波折中所承受的压力，所付出的努力，都不是三言两语便能说得清楚的。支持蒋梦麟一路走下去的，是他"教育救国"的信念，对蔡元培的支持，以及他对自己、对北京大学的承诺。

　　如今的许多大学中都非常重视学风建设。"学风"一词是由《礼记·中庸》中的"博学之，审问之，慎思之，明辨之，笃行之"提炼出来的。学风即学校的风气，对学生的成长和学校的发展都起着重要作用。如今，一些名校的学风不但被校内学生严谨遵守，同时在社会上广为流传，成为一种社会文化。

　　不同时期的北京大学提倡不同的学风。在清末民初，欧化便是校内主要的学风，因为当时的北京大学，即京师大学堂是戊戌变法的产物，而并入其中的京师同文馆又是洋务运动的产物。无论是最初的京师同文馆还是后来的京师大学堂，其主要目的都是为了让国人学习西方先进文化，"师以长技以制夷"。

　　在京师大学堂时期，学生们会因为学校聘请了几名擅长洋文的教员而兴奋不已，若是聘请的是洋人教员，学生们便会更加兴奋，认为这样就能够离他们的信仰更近一些。每当校园里建起一座洋房，学生们也会感到开心，在他们心中，接受西方文化教育便是最高的信仰。

　　此一时，彼一时。进入民国之后，随着西潮在国内涉及的范围越来越广，各式各样的新学堂不断在国内涌现，欧化便不再能够成为人们的信仰了，取而代之的，是"文化运动"。

1917 年至 1920 年，"文化运动"是所有人都抱有的信仰，大家对"文化运动"寄予了极高的希望，几乎每个人口中都在谈论与"文化运动"相关的话题。1919 年的"新文化运动"更是将这"文化运动"推向了一个高潮，在那段日子里，各种各样提倡新文化的刊物被人们疯抢，批判旧文化的文章也是层出不穷。

五四运动一周年时，蒋梦麟与胡适联名发表了文章，希望大家能够对五四运动进行一次反省，仔细检讨一下他们在这场运动中收获了什么，又失去了什么。他们认同这场运动为学生们带来了一定的好处，比如学生们开始有了自发精神，开始对社会产生关注，并且在运动中锻炼了除学习之外多方面的能力。

他们也看到了运动中产生的种种弊端，比如学生们浪费了学习的大好时光，辜负了自己，并且令那些本该负起这场运动的中老年人们过于清闲，逃避了责任。他们认为，这种现象是一种病态的现象，学生本应该是安心求学的，如今却要为那些不负责任的人承担责任，影响自己的正事，实为得不偿失。

他们很清楚，这种单纯由学生发起的运动无法长久，虽然可以被原谅，却不应当被提倡，否则，学生们会越来越依赖群体，将全体罢课视为唯一的方法，养成不愿承担个人责任的习惯。此外，他们还会养成逃学的习惯和无意识行为的习惯，不将逃学视为错事，并对社会上的种种无意识现象进行盲从。

果然，学生们开始试图取代学校当局聘请或解聘教员的权力，他们将罢课和闹事视为平常事，学校有一点令他们不满，他们会罢课；教员对他们要求严格，他们也罢课。他们不顾学校的困窘，要求学校给他们旅行费用和学生活动的经费，并且要求学校为他们提供免费的讲义。

1922 年 10 月 12 日，北京大学发生了著名的"北京大学讲义风潮"。

在北京大学，教授将课上的内容形成书面形式，印刷后免费发给学生，是一项由来已久的规定，无论教授还是学生都已经习惯了这一规定。虽然 1918 年 9 月 20 日，陈独秀曾提出应该废弃讲义，但是学校一直没有通过。

直到 1922 年，北京大学各高校的欠费欠薪现象已经极度严重，学校再无力承担免费发放讲义一事，于是在新学年的教授评议会上通过了一项新的规定：从本学期起对学生收取讲义费，发给讲义券，以券领讲义。

学生们得知此事后，反响非常激烈。10 月 17 日下午，上百名学生聚集到一起，对学校提出抗议，将教授办公室挤得水泄不通。蔡元培人在学校，于是站出来劝阻学生们，可是学生们连他的话也不听了，一心要找提出这条规定的人算账。

一向疼爱学生的蔡元培发怒了，他挽起袖子，挥舞着拳头冲学生们喊道："你们这班懦夫！有胆的就请站出来与我决斗。如果你们哪一个敢碰一个教员，我就揍他。"学生们终于安静了下来，他们第一次见到蔡校长如此，没有人敢上前，最终在蔡元培的坚持下退出了办公室。

第二天上午，学生们派了代表直接找到蔡元培，再次提出抗议。面对冲动的学生们，蔡元培表示愿意延期三日收费，可是学生们仍然不退让，蔡元培一气之下收回了延期三日的决定。

讲义风波最后以教务长顾孟余应允增长延期收费的时间而收场。学生们此次闹事之后，蔡元培再次请辞，称："废置讲义费之事甚小，而破坏学校纪律之事实大，涓涓之水，将成江河，风气所至，将使全国学校共受其祸……此皆由元培等平日训练无方，良深愧惭……迫不得已，惟有恳请辞职。"

蔡元培的此次请辞并没有持续很久，就在教职员工以及支持他的学生代表的劝说下回到了北京大学。一名叫杨廉的学生代表发表了《学生挽留蔡校长宣言》，称："这次征收讲义费，系经评议会议决，取消讲义费也须用适当的手续……我们大多数固然赞成废止讲义费，然而激烈行为，却绝对不能承认。……为保存最高学府计，一致决议挽留我们平日所信仰的蔡校长，如有再行捣乱者，誓当全体一致驱逐败类。"

杨廉等学生代表的举动令蒋梦麟感到一些欣慰，他知道学生中仍然有一些头脑冷静的学生，这些学生也必然会成为日后的栋梁。他还知道，这些闹事的学生并不是此事件的发起人，一般情况下，真正的主事人总不会站到最前面，而是躲在人群中或其他人身后，鼓动其他人闹事。

当时，蒋梦麟并不知道这群学生中，哪一个才是这起闹事的策划者，但是很多年后，当他在官场中见到一个神气十足的贪官之后，他突然想起，在当初那场闹事中曾见过这个人的身影。他能够清晰地记得当时这个人的叫骂声，因为他虽然躲在人群中，但他高高的个子仍然让人一眼就能看到他。后来，一些学生因为闹事被开除了，他也没有被开除。

虽然时有闹风潮的学生，但是蒋梦麟对他们的态度仍然是宽容的，只要他们肯认识到自己的错误，蒋梦麟就不会过多责怪他们。蒋梦麟相信，学生运动中包含各种人，那些无论目标是否正确，都对自己的奋斗目标深信不疑，并敢于负责的学生都是好学生，只有那些鬼头鬼脑，不敢承认自己所做之事的学生才有可能成为不良分子。

几年之后，学校中又发生过一起风潮，这一次的风潮是反对蒋梦麟的。闹事的学生们不但将蒋梦麟反锁在办公室里，还将学校的大门也锁上了，只为使蒋梦麟同意他们的要求。蒋梦麟被困在办公室里，听着门外学生们的吵嚷，闭口不提一个字。期间他接到胡适的电话，问他是否需要帮忙，如果需要，可以向警察局求助，要求警察前来驱赶学生，他拒绝了。

蒋梦麟并不想因为这样的事情惊动警察，双方就这样僵持了很久。下课时间到了，上完课的学生们嚷着要回家，准备上课的学生们嚷着要进去，闹事的学生见状，没了办法，只好打开了校门。但是这些学生并没有马上离去，他们在门口守着，一看到蒋梦麟走出来，便尾随在他身后，一路责骂他。

事后，评议会让蒋梦麟列出能够想起的闹事学生，并把这些学生一一开除了。多年后，蒋梦麟在昆明中央航空学校遇到了其中的一位学生，那位学生已经成为一位优秀的飞行员和教官。再见面时，蒋梦麟几乎没能认出那位学生，倒是那位学生主动走到他面前，对他行礼，眼神清澈，笑容阳光，再无半点当初的丑恶。

经过这件事，蒋梦麟更加确定自己当初的想法没有错。学生固然有错，但他们的错只是在于一时的偏颇，学校作为培育人才的机构，应当负起对学生们的思想正确进行引导的责任。事实上，他也一直是这样想的，并且这样做的。

正因如此，他才会一直重视学风建设，因为他相信，学风是学校中的信仰。当教职员工和学生们都心怀信仰，并朝着信仰所在的方向前进时，学校的氛围就会越来越好，发展也会越来越顺利。教育能得以挽救，学生们也能得以挽救。

第五章　社会责任亦为重

1. 无私爱生情

五四运动是在北京大学学生的带领下发动的，其结果却并不乐观，虽然他们取得了表面上的成功，但终究还是成为一场政治运动中的牺牲品。五四运动前后，政治格局和政治体制没有发生丝毫变化。蒋梦麟不希望学生参与政治斗争，因为他不希望看到单纯和冲动的学生们受到一些官僚和政客的怂恿，成为他们的人质，当了他们的炮灰而不自知。

蒋梦麟心疼学生，爱护学生，他的许多举动在当时一些"左"倾思想的人眼中属于懦弱，属于逃避责任，也因此受到许多"左"倾思想的人的谴责，但他并没有为自己进行任何辩解。他知道，自己所做的一切都是为了学生们，他不需要与那些人争辩，只要学生们是平安的，他便放心了。

不提倡学生参加政治运动，并不代表没有社会责任心。蒋梦麟是北京大学的代理校长，同时也是一名知识分子。出于知识阶级最起码的社会责任心，他一直非常关注社会问题，也非常重视对学生们进行责任感的培养。

学生的主要任务是学习，但提高个人社会责任感也是非常重要的事情，这一点，蒋梦麟非常清楚。他知道，一个没有社会责任感的人，即使学富五车，或者精于某个领域，也很难真正为国家，为社会做出贡献，因为他做的一切都只为了个人成就，而不是造福世界。

社会责任感是在日常生活中养成的，也是在学习生活中养成的。

蒋梦麟自工作以来就一直在提倡现代教育，而现代教育中恰恰包含了对学生社会责任心的培育。他将培养"科学之精神"和"社会之自觉"看作一种社会共识，并指出现代教育的真谛有两点，其中一点便是"将学生培养成能独立思考、改良社会的人，而不是将学生改造成仅仅适应社会的顺民"，他希望学生们能够成为有责任感、做事有担当的人。

什么是学生运动？蒋梦麟说，真正有用并且能够长久有效的学生运动是过好学生生活，将有限的时间用在学习和生活中，增长自己的学问和见识，学会与人相处并负担起个人责任。他希望学生们能够将学问的生活、团体的生活和社会服务的生活结合在一起，并平衡好这三者之间的关系，不要此消彼长，或者因此失彼。

学问的生活指的是注重外文学习，注重对事实的观察和调查，用建设的精神促进学校改良，并提高自身的学习能力和各方面素养；团体的生活指的是参与学术类、体育类、社交类、游艺类和组织类的团体生活；社会服务的生活指的是平民夜校、通俗讲演、破除迷信和改良风俗。

在对团体的生活进行解释时，蒋梦麟建议学生会应该多注重程序上的正义，否则很容易使团体生活走向失败。在开会时，要有法定的开会人数，不能随意增减与会成员。要严格遵守动议及修正议案的手续，不能擅自随心而为之。为了维持秩序，在发言时要有一定的顺序，不一人独言或几人齐言乱作一团。在表决时也要注意恰当的方法，代表制的联合会要有复决制，方案提出后要由大家一起讨论，并且每人的发言时间和次数都要有限制。

独处时，一切事情都由一人做主，而一群人一起相处时，许多事情便都要与人商量。社会中存在太多的人，每个人都有自己的想法和主张，都有自己的喜好，所以社会才会具有多样性和复杂性。我们可以坚持自己的思想，坚持自己的喜好，但也要尊重其他人的思想和喜好，否则社会上便会不断生出争执和战争。

蒋梦麟建议学生们学习西方的民主自治，但不要急于求成，而是要从最基本的原则入手。他所说的最基本原则，就是会议的制度。

蒋梦麟说，在团体生活中，一定要提倡民主，允许每一个人表达自己的观点和感受。他在当时的一些学生会议中看到过以身份来对其他成员施加压力的表现，他说这种行为是暴民专制，不是民主主义。他希望学生会议能够实现公平公正，允许任何不同的声音出现。没有人能够保证自己永远正确，而民主主义永远会比暴民专制少犯错。

每个人都可能犯错，犯错本身并不可怕，也不耻辱，可怕的是犯了错却意识不到，耻辱的是意识到自己犯错却一味逃避。不敢面对错误的人永远得不到成长，也无法成功。蒋梦麟希望学生们能够在团体生活中学会负责，对自己说过的话，做过的事负责。如果一个团体犯了错，每个人都将责任推给其他人，自己躲得远远的，那么这些人就都是团体的罪人。

社会服务的活动，顾名思义，是参与到社会中的活动。在当时，为了传播知识和文化，国内许多地区都办起了平民夜校，并不时有人进行平民演讲，这些活动在北京更是常见。蒋梦麟号召学生们推广这些活动，为的是让他们在活动中增加和巩固个人的知识储备，同时锻炼他们与人接触和沟通的能力。

可见，蒋梦麟提议学生们以学术为主，不要过多参加各种学生运动，并不是让学生们就此远离社会，将整个人关在大学校园里，读死书，死读书，而是让他们有选择性地参与对他们有切实好处的活动。只有这样，学生们才能健康成长，不被杂事所扰，成为优秀的人才，从而实现救国的理想。

1923年，北京大学建校25周年的大会上，蒋梦麟说，在过去的24年里，中国社会经历了剧烈变迁，北京大学身在北京首都城内，也随之经历了无数次波折。从戊戌政变，到之后的义和团起义，到后来的辛亥革命，再到袁氏称帝，张勋复辟，北京大学没有过上几天安稳的日子。到了近几年，学生运动又成为最大的问题。

蒋梦麟将这些波折都称为新动机，他希望全校师生都要思考，在接下来的日子里应该希望什么，努力什么。事实上，此时他正是在号召全校师生，要认清自己的责任。

当时的大多数学生本质并不坏，他们有着强烈的爱国意识，对很多事情有热情，然而他们的思想不够成熟，当时的社会又十分混乱，各军阀政府之间纷争不断，正因如此，他们才会被一些幕后的推手当枪使，成为首当其冲的一批人。也正因如此，蒋梦麟才对他们的状况非常担心，不愿他们与政治擦边。

在蒋梦麟的主张下，学生们的社会责任心有所增加，思维也变得成熟。许多学生开始认真思考事情的潜在原因，不再盲目地跟风，不再因为街上有人喊了一声口号就头脑发热地冲上街头，参加到各种各样的抗议和反对事件中。蒋梦麟的努力既鼓励了学生们对责任感的认识，也使学生从很大程度上得到了保护。

2. 阶级责任感

蒋梦麟曾说过，在没有讨论"知识阶级的责任问题"以前，必须问谁是知识阶级中的人。他说，中国的知识界是否能成一阶级尚不明确，因为在当时，中国的知识界虽然在社会上占有一定相当势力，却没有一种正式的团结的组织，已有的组织多是些只有形式而无主实质的组织，或根据不同的风潮临时组建的组织，风潮一过，组织也就散了。

代理北京大学校长那些年里，中国所谓的知识阶级不仅人数少得可怜，并且没有一个正式的组织，所以难以对社会造成什么影响。蒋梦麟说，当时中国的知识阶级只是一个"纸虎"，在"有枪阶级"面前没有一点地位可言。"有枪阶级"只要一枪就可以将这只"纸虎"戳破，看到"纸虎"里面的空架子。

不可否认，当时的知识阶级中有些许人具有敏锐的洞察力和思考能力，会对事实进行研究，并不时发表一些言论，可是毕竟人单力薄，没有实际作用。还有个别人一直站在阶级之外，靠他们的努力维持"纸虎"的形态，却也只能维持"纸虎"的形态。

看着这只"纸虎"在社会中摇摇晃晃，一次次被风吹倒，又一次次被扶起来，蒋梦麟深有感触，他想，这只"纸虎"早晚都会被戳破，不如索性放弃它，让那些努力维持它的有能力之人早早摆脱它的牵制，真正施展自己的拳脚，做出一番事业，并用自己的能量去影响其他还未醒来的知识分子们。

在蒋梦麟的身边，就有这样一群人，他们拥有自由主义价值观念，一直在努力争取自由和民主，这些人便是蒋梦麟所说的，知识阶级中的极少数人。他们都是蒋梦麟的朋友，看到他们整日奋斗在民主自由的道路上，蒋梦麟很受鼓舞。他在他们身上看到了中国知识阶级的希望。

由于工作繁重，蒋梦麟没能与这些朋友一起奋斗在政治领域，但是他却不时表达自己的主张和立场，给予这些人支持。1921 年 5 月 21 日，蒋梦麟与胡适等人成立了"努力会"，意在"尽我们的能力——或单独的或互助的——谋中国政治的改善与社会的进步"。

当时的人们对军阀的混战有一种普遍的意识，即希望这些军阀能够幡然醒悟，不再厮杀，和平相处，蒋梦麟认为人们的这种想法就如同天旱便向天求雨一样，天真而不切实际。他将这种想法视为没有责任感，只会将期望寄予他人的表现。

自助才是真正的强者，有言道，天助自助者，当一个人有心帮助自己时，上天也会帮助他。蒋梦麟说，对于那些不愿意自助的人，可以给他们一些用于自助的资料，但不需要直接帮助这些人，因为除了他们自己，谁也帮不了他们。同样，对于知识阶级，如果不能自助，也不需要那些有能力的人去帮助它。

在北京大学的日子里，蒋梦麟时常参加一些社会活动，并以不同的身份出席。虽然学校工作繁忙，但他并不认为参加这些社会活动会对他的工作有不利影响，恰恰相反，他认为这些都是自己应尽的责任，作为一个公民的责任，也是作为知识阶级的责任。

1918 年 11 月，第一次世界大战结束。1921 年 7 月，为了重新瓜分远东及太平洋地区的殖民地，同时商议限制海军军备问题以及太平洋和远东问题，美国、英国、日本等帝国主义国家决定在美国华盛顿召开为期两个多月的太平洋会议，也称"华盛顿会议"。中国的北洋政府也接受了邀请。

8月16日，蒋梦麟与蔡元培、马叙伦等人一同组成了"国立八校太平洋会议研究会"，准备借此机会让日本答应收回山东主权和废除"二十一条"的要求。他们在动身前曾向南方寻求支持，并征求了孙中山的意见，孙中山欣然同意他们的举动。得到了孙中山的支持，蒋梦麟等人的心中更添了些动力。

北洋政府得知此事后，试图对蒋梦麟等人进行制止，最终未能成功。同年10月12日，在上海召开了联席会议，会议上决定由蒋梦麟和余日章作为全国商会联合会以及出席全国教育会议的代表，动身前往美国，对政府派出的谈判代表进行监督，并在美国进行对中国主权保护的宣传。

太平洋会议结束时，蒋梦麟听到了令他欣慰的决定：日本同意将山东的主权归还给中国，并放弃"二十一条"中的部分条款。同时，他也感到遗憾，因为中国在此次事件上需要依靠美国和英国帮助，所以没能取消治外法权，撤退外国军警，也没能彻底恢复关税自主权，令中国成为同时被几个帝国主义国家支配的国家。

此次谈判标志着中国第一次在世界外交场合取得胜利，这胜利令所有人喜悦，却也令一些人感到忧心。列强趁机对中国提出了"机会均等"和"门户开放"等原则，这说明他们仍然对中国的主权虎视眈眈，而中国却没有力量直接拒绝他们，也没有能力彻底夺回被列强抢走的主权。

蒋梦麟想，中国如果不变得强大，只依靠列强之间的矛盾去争取权力，便无法真正主宰自己的命运。而中国想要变得强大，就一定要加强教育，让大学生们毕业后都能够成为祖国的栋梁。于是，会议结束后，他没有直接回国，而是顺路去了欧洲，走访了一些国外的哲学家、经济学家和政治学家等，与他们就中国的文化问题进行了讨论。

在欧洲考察期间，蒋梦麟对国外高等教育的现状和发展情况进行了深入了解，并对这些资料进行了分析和总结。他发现，国外的高等教育与国民特性有着密切的联系，也与国家的发展有着重要关系。回国后，他将这些资料和结论写成一篇名为《英美法德四国人民之特性与大学之特点》的文章，发表在《新教育》上。

教育固然重要，国家的安定却不仅仅与教育有关。军阀混战也是导致国家不能安定的重要原因。1922 年下半年，蒋梦麟积极响应裁兵运动，并在全国商会的推举下成为裁兵运动的劝告员。

裁兵运动是从民国初年就开始存在的运动，其口号是"废督裁兵"。袁世凯死后，军阀割据的情况越来越严重，各派系军阀不断在国内挑起战争，有碍国计民生，裁兵运动也变得如火如荼。1920 年，这一情况愈演愈烈，开始在全国范围内大规模展开。

辛亥武昌起义后，"都督"成为各省军政府的最高长官，拥有整个一省的军政大权。而后，这些"都督"的权力和势力越来越大，并且不断寻求扩张。"废督"即废除"督军"制度，裁减军队数量。

1921 年，黎元洪首次提出了废督裁兵的口号，孙中山对此口号表示支持，并提出了"化兵为工"的建议。1922 年，蔡元培等人在北京成立了"国民裁兵促进会"。他们指出，军阀混战无法终止的根本原因在于好人自视清高，不愿参政，若是好人愿意站出来，成立"好人政府"，便能够对社会产生积极的影响，逐渐改变当时社会的黑暗和政府的腐败。

同年 9 月，"好人政府"建立，其成员都是有着美好理想的知识分子。10 月 10 日，蔡元培在北京召开的国民裁兵运动大会上指出："想谋治安，必打倒军阀，想打倒军阀，必先裁去为军阀羽翼之兵士。"蒋梦麟一向支持孙中山和蔡元培，对于他们提出的主张自然也是积极响应。当全国商会推举他为裁兵劝告员时，他欣然同意。

蒋梦麟计划于元旦就孙中山提出的"化兵为工"建议发一通电，在此之前，他曾写信给孙中山，提出"可否请先生赐以答复，引起国人注意"。几天后，他收到了孙中山的回信，孙中山在信中说："……所陈理由，即深切著明，所订方法亦切实可行，浏览之余，至深快慰。"蒋梦麟收到信后感到安慰，次年元旦，他与黄炎培等人按计划发出了关于裁兵与和平统一的主张。

由于此次裁兵运动的本质仍是保护资产阶级，而"好人政府"实为吴佩孚的傀儡政府，所以虽然蒋梦麟等人投入了不少心血，运动还是以失败告终。1923 年 1 月，蔡元培忍受不了直系军阀与教育总长等人联手，非法逮捕"好人政府"的财政部长，并迫使该政府解散的行为，辞职离开北京大学，北京大学校务再次由蒋梦麟一人承担。

几经波折，蒋梦麟对代理校长一事已经得心应手，即使还会遇到许多困难，他也不再担心和害怕。他的坦然和淡定让蔡元培深感欣慰，也让北京大学所有的教职员工和学生都深感安心。

3. 跨界担双任

自从进入北京大学后，蒋梦麟一直在提倡"学术救国"，力求通过提高学术水平来改变社会，富强国家。然而当社会中出现了"教育破产"的现象之后，蒋梦麟不得不将更多的目光投入到对政治的关注上。

蒋梦麟曾在1922年的《晨报》上发表过一篇名为《学风与提高学术》的文章，在文章中他说："从前我们以为政治不良，要从教育上用功夫，养成人才，去改良政治。近年以来，政治愈趋纷乱，教育界经济上和心理上，都因此受莫大打击……于是数年前'只讲教育，不讲政治'的迷信，渐渐被打破。"

在当时，经费的严重缺乏让蒋梦麟感到沉痛，没有经费，学校就无法购置新的图书，新的设备，硬件不足，学校必然会变得越发残缺，而这一切都是由于当时腐败的政治造成的。蒋梦麟说，政治腐败让他们无法不谈政治，可是一谈政治，教育界也就成为政客们抨击和利用的目标。

众人拾柴火焰高。1924年1月25日，北京八所国立大学为了对付北京政府，成立了"国立北京八校校长联合会"，在大家的一致推荐下，既懂学术，又善于处理人际关系的蒋梦麟被选为该联合会的主席。

那一年的元宵节，北京街头突然涌现大量手持灯笼的人们，这些人这样做并不是为了庆祝元宵佳节，而是为了向当时的北京政府表示抗议。这是一场由北京各团体联合会发起的大规模游行，其中包括学生、普通市民、商人等。游行当天，警察与游行队伍发生了武力冲突，打伤上百人，其中有近百名伤者是学生。

冲突发生后，学生联合会及各团体联合会纷纷召开会议，在会议上表决了否认国会及北京政府的提案。自此，教育界彻底站到了北京政府的对立面。

同年5月4日，正值五四运动一周年纪念日，北京的学生们组织了"驱彭挽蔡"的运动。彭指的是当时的教育总长彭允彝，自从教育界与北京政府彻底对立后，便无人敢任教育部次长，彭允彝只得孤军奋战。此事让彭允彝心生怨恨，对于身为"国立北京八校校长联合会"主席的蒋梦麟，他更是怀恨在心。

学生们在"驱彭挽蔡"的运动中捣毁了彭允彝的住宅，出于报复心理，彭允彝将此事都归罪于蒋梦麟，企图让法庭给蒋梦麟定罪并进行处置。最后，由于证据不足，彭允彝的阴谋没有得逞。

在其他领域的人眼中，想要改变腐败的政治，只要撤掉贪官污吏，让心系于民的有识之士当官从政，或者更改制度，政治就会变好。蒋梦麟赞同这些想法和建议，但他说，作为知识界的人，看政治的眼光要比其他界长远得多。他说，想要真正解决政治问题，不能头痛医疼，脚痛医脚，而是要消除根本的病症，即改良社会，而改良社会的最好方法则是提倡科学、学术、思想等。

随着国内形势越来越乱，教育界及其他学术界的知识分子参政的现象屡见不鲜。然而，这些人在参政的过程中并没有真正认清政治的形势，也没有真正提出有效的建议。

蒋梦麟不反对学者参政，并且提倡知识界应该研究实际政治，甚至参加实际政治。只是在参加政治时，知识界首先要确保自身不忘本职，即发展学术、科学、思想等。他说，如果不能在本职工作中站稳脚跟，便不配谈论改良政治。所以，在关注政治的同时，蒋梦麟仍然没有放弃"学术救国"的思想。

一些知识界的人视政治为洪水猛兽，避之不谈，一有人向他们提起，他们便会以学术研究太繁重，或学术界的目的是发展学术、科学和思想为借口，一头躲进纯学术的世界中不肯出来。对于这种做法，蒋梦麟也不赞成。他说，这些人其实只是在以学术和社会研究作为逃避现实的象牙塔，他们不想在实际政治中招惹麻烦，才会用唱几句高调的方式一带而过。

　　1924 年，冯玉祥发动北京政变，国民会议运动进入了高潮期。蒋梦麟针对此事发表了名为《知识阶级的责任问题》的文章，在文中，他对近几年知识分子在参政时遇到的问题进行了总结和分析，并指出了需要改进的地方。

　　蒋梦麟说，知识分子不需要参与维持现状的实际政治，而是需要参与改革或革命的实际政治。在参与政治时，不要将无关的人，比如学生拉进来，当成人质，要时刻记住自己知识分子的身份。

　　蒋梦麟一直不赞成动员学生参加各种游行和运动，他深知在当时的社会，游行本身是件非常危险的事情，极有可能令学生们受到伤害，所以他宁可用自己的方式对政府表示抗议，而不愿意动员学生采取行动，游行示威。

　　1925 年 5 月 20 日，上海学生抗议日本纱厂资本家对工人的苛刻以及无耻行径，遭到英国巡捕的逮捕，近万名群众在要求释放被捕学生时遭到了枪击，13 人死亡，数十人重伤，此次惨案史称"五卅惨案"。北京学生得知此事后，纷纷响应，发起游行，北京政府见状，便命当时的教育总长章士钊对学生采取高压政策。

　　当时北京女师大的校长杨荫榆支持北洋政府，听从章士钊，一味强调秩序，视学生们的爱国运动为"学风不正"，与教师和学生们为敌。她对学生们的思想和行动进行全方位的限制，不许学校中出现不同的声音，并极力排挤与她持相反意见的老师。

　　"五卅惨案"后，杨荫榆严格制止女师大的学生们参加革命运动，为了防止学生在学校聚集生事，她采用了各种借口和方式强迫学生们离开学校，甚至断了学校的电路，用铁链锁起了学校大门。

女师大事件发生时，鲁迅是女师大的国文讲师，他亲眼看到杨荫榆如何对待学生们，又用多么恶劣的语言对学生们进行攻击，于是他提出更换校长。为了使鲁迅不继续站在学生们一边，章士钊派人许诺，只要鲁迅不闹，将来就任命他做校长。然而鲁迅并没有答应。

杨荫榆的做法失败了，但是她的身后还有身为教育总长的章士钊。数月后，章士钊用武力逼迫女师大的学生离校，女师大也就此解散。

从另一个角度去看女师大事件，便能发现这其实是当时知识分子和青年学生与政府的斗争的体现。为了向政府表示抗议，北京大学数名教授决定召开评议会，商议北京大学脱离教育部一事。评议会召开时，蒋梦麟刚好回家省亲，不在学校，评议会由教务长顾孟余主持。李煜瀛在会上提出这一提议时，全场人都很惊讶。一些人对此表示赞同，胡适、颜任光、李四光和王世杰却极力反对。

此次评议会针对两件事情进行了投票，一是北京大学是否应就女师大问题对教育部表态，二是北京大学是否应该脱离教育部。两轮投票结束后，结果是北京大学应该表态，并且应该脱离教育部，不承认章士钊为教育总长。

胡适不是评议员，没能参加评议会和投票，他在得知投票结果之后，于第二天联合四位教授向评议会提出抗议，认为此次评议会属于突然袭击，并且没有将结果告知代理校长蒋梦麟，所以不合规矩，应该重新评议，并通过两会再次表决。顾孟余自然不同意。看到两部分人相持不下，朱家骅等教授为了校内和平，试图调解，可惜没能成功。

蒋梦麟一回校就收到胡适等人上书的要求复议的信函，同时也得知顾孟余等人极力反对复议，他没想到自己仅仅几天不在学校，学校里就发生了这样的事情，为了平息此事，他决定于 8 月 28 日召集评议会和教务会联席会议，对此事进行商讨。

联席会议上，马裕藻等教授执意将此次会议作为谈话会，并坚持联席会议没有复议权和表决权。胡适见对方在自己做出适当让步的情况下仍然不肯复议，于是提出退席，对方的态度也终于缓和下来。此次复议得到的结果是一半赞成一半反对，无奈之下，蒋梦麟只得自己拿了主意。

对于当时的政府，蒋梦麟确实有着深深的不满，于是他决定，"宜继续执行脱离教育部，一切由本人负责办理"。9 月初，他在《北京大学日刊》上发布了《蒋梦麟启事》，称"梦麟对于十八日评议会议决案，斟酌情形，不得不继续执行"，并列出了相关理由。

此事虽然告一段落，但胡适的心里仍然有一个结，于是他先去武昌大学演讲，后去上海养病，并于同年 11 月写信向蒋梦麟请辞。胡适在信中说，自己并非意气用事，而是与此次南游有关，他希望蒋梦麟能够把他的信发表在日刊上，以免其他人对他的辞职动机妄加揣测，引出不必要的麻烦。

北京大学与教育部脱离关系一事在当时的社会上引起了巨大的轰动，蒋梦麟能够做出这一决定，不惜公开与政府作对，必然有着强大的内心和坚定的信念。这样的方式会将政府的矛头都引到自己身上，他是知道的，他也知道这样一来，他将会面临更加艰难的处境，然而他不畏惧，不退缩，为了北京大学，为了理想，他挺身站了出来。

4. "三一八"惨案

女师大事件中，北洋政府为了保护政权，不惜伤害无辜学生，北洋政府的所作所为都突显了他们的残酷无情，也为后来的"三一八"惨案埋下了伏笔。"三一八"惨案发生后，鲁迅觉得自己"所住的并非人间"，也正是因为他先后见到了北洋政府的残忍行径。

1926年3月18日，北京天安门门前发生了史上著名的"三一八"惨案。这场惨案的起因在于段祺瑞临时政府未能满足外国公使团对中国发出的"最后通牒"，即"北洋政府必须于两日内同意拆除大沽口国防设施"的要求。

那一年的3月12日，冯玉祥的国民军与张作霖的奉系军阀在天津发生战役。奉系军阀以日本军舰作掩护，向天津大沽口进攻，日本军舰火力非常猛烈，国民军死伤惨重，当时负责镇守天津的是冯玉祥的军队，士兵们奋起抵抗，开炮还击，终于将日军驱逐出境。

然而，日军却联合了英美等八国，以《辛丑条约》为借口，称条约中有"大清国国家应允：将大沽炮台及有碍京师至海通道之各炮台，一律削平，现已设法照办"一条，中国在大沽口设立炮台和镇守，强行驱赶日军舰队的行为属于违约。

日军要求中国立刻停止驱逐和防御，让日军舰队畅通无阻地进入天津。不仅如此，他们还联合其他帝国主义国家一并威胁中国，用军舰包围了大沽口，声称不得到满意答复便要强行攻入天津，此举激起了爱国人士的愤怒。

1926年3月16日和17日，国共两党在北京召开了会议，由中俄大学校长徐谦任会议主席。徐谦在会上表示："通电全国一致反对八国通牒，驱逐八国公使，废除一切不平等条约，撤退外国军舰，电告国民军为反对帝国主义侵略而战。"并决定于3月18日上午在天安门门前举行集会，抗议日军的无理要求。

集会当天，参加的人数达到了5000多人，其中包括北京的各行政机构和学生联合会，声势非常浩大。一些人在天安门广场的北面搭建起临时的主席台，立起写着"北京各界坚决反对八国最后通牒示威大会"的横幅。

游行开始后，游行队伍从天安门一路行进，最后到达段祺瑞政府门前的广场。政府门前有卫兵把守，群众推选出代表，上前与卫兵队长进行交涉，希望能够当面与段祺瑞及国务总理进行谈判。

当时，段祺瑞本人并不在政府办公楼内，政府的其他人员担心群众闹事，便事先在政府办公楼附近埋伏了军警，随时准备对群众进行镇压。蒋梦麟于游行当天得知这一消息后，担心学生们会遇到危险，于是立刻找到正在校园中集合，准备前往天安门广场的学生们，对他们进行阻止。

蒋梦麟大声劝说学生们不要冲动，然而学生们的情绪太过高涨，没有人听得进他的话，也没有人打消参加游行的念头。看着学生们浩浩荡荡地走出校园，蒋梦麟的心里产生了强烈的无法抑制的不安。

见群众代表与卫兵队长僵持许久都无法进入政府办公楼，游行的队伍开始躁动不安，大有硬闯之势，政府人员见状，急忙命埋伏四周的军警进行武力制止。军警对游行队伍进行了无情驱散，在驱散过程中，有47人死亡，200多人受伤。

蒋梦麟得知学生出事后立刻赶到政府门前广场，当时是下午

4 点，太阳正要下山，夕阳的余光照着那些躺在地上的人们，一些人还在勉强喘息着，一些人无力地躺在地上，一些人已经没了呼吸。救护人员从救护车上下来，翻动着地上每一具躯体，他们需要非常仔细才能辨认出哪些人还活着。

救护车离开了，带走了所有还有呼吸的伤者，地上剩下的，便是已经死去的人。在这些死去的人当中，有不少都是曾经活力十足，青春洋溢的学生，如今，他们却只能躺在地上，任人处置。军警们前来清理现场，搜走了死者的财物，甚至剥下了死者的衣服，一系列残忍的行径令人发指。

那些被救护车带走的人也没能完全幸存，一些人在送入医院的途中便咽了气，还有一些人没能撑得过手术，就这样长眠在了手术台上。蒋梦麟在赶到医院后，得知这一消息，心痛不已。

若说之前，学生们对段祺瑞政府只是心存不满，如今，学生们的心中则充斥着强烈的愤怒。他们再也无法忍受段祺瑞政府对学生们的迫害，于是第二天，北京大学的学生们向全国发出了紧急通电，号召全国人民团结起来，推翻段祺瑞政府。北京大学的教职员工们也给予学生们声援，纷纷发表文章，谴责段祺瑞政府的残忍暴行。

在此次惨案中牺牲的刘和珍原是北师大的学生，她品行良好，为人温和，待人有礼，无论何时都"始终微笑的和蔼"，鲁迅在《记念刘和珍君》一文中对她进行了详细的描写，让人越发感到这样一个青年学生的可爱和朝气，然而就是这样一个积极进步的青年，却在这样一场惨案中遭受了残忍的对待，在子弹和棍棒下失去了年仅 22 岁的生命。

"三一八"惨案震惊了全世界，《泰晤士报》用"兽性"来形容这一场"惊人惨案"，鲁迅则称这一天为"民国以来最黑暗的一天"，刚刚动完手术的梁启超得知此事后，强忍着疼痛，在病床上写下了讨伐段祺瑞政府的文章。

为了纪念所有在惨案中牺牲的学生，北京大学召开了评议会，并决定开学后停课一星期，以表对学生们的哀悼。3月23日，北京大学的操场上聚集了来自北京各界的人士，他们举行了"三一八死难烈士追悼大会"，鲁迅为死去的人们写下了一副挽联："死了倒也罢了，活着又怎么做。"

"三一八"惨案中，北京大学的三名学生张仲超、黄克仁和李家珍不幸遇难。3月24日，蒋梦麟在北京大学三院的大礼堂里举行了一场隆重的追悼会，全校师生都参加了这场追悼会。虽然事情已经过去一星期了，但他们心头的悲伤没有一点退散，每个人的面色都非常凝重。

追悼会上，蒋梦麟对他们三人表示了沉痛的哀悼。

蒋梦麟说，自己身为校长，使人家失一子弟，社会国家失一人才，同学失一朋友，却无从避免和挽救，悲痛万分。说着，他再也抑制不住心中的悲痛，当着全校师生的面流下了泪水，随后一边放声大哭，一边说："处此人权旁落、豺狼当道之时，民众与政府相搏，不啻如与虎狼相斗，终必为虎狼所噬。古人谓苛政猛于虎，有慨乎其言矣。"

平日里，人们看惯了他淡然平静的一面，几乎未曾见过他有如此激烈的反应，一时间呆住了。

整个礼堂里顿时安然无声，随后，几声细微的抽泣声响起。之后，许多人都哭了起来。所有人都为那些逝去的学生们感到可惜，对当时的社会感到可悲。

这一场惨案让蒋梦麟的内心产生了巨大的触动，他为学生们悲伤，写文章为他们鸣不平，却也因此招来了祸事。之后的一段时间里，他与北京大学的缘分暂时中断，直到四年之后才与北京大学再续前缘。

5. 伤怀离北大

蒋梦麟严厉谴责了"三一八"惨案的制造者，这不仅令段祺瑞政府感到非常不快，同时也令奉系军阀感到不快。

"三一八"惨案发生当日，段祺瑞政府便下达了指令，称此次惨案完全是在徐谦的鼓动下爆发的，必须将徐谦、李大钊、李石曾、易培基、顾孟余五人立刻逮捕。至于朱家骅、蒋梦麟、鲁迅等人，由于大力抨击政府，所以也不能放过。而张作霖的奉系军阀入京后，也对蒋梦麟等一批进步人士进行了迫害。

1926 年 4 月，段祺瑞政府倒台。张作霖率奉系军阀进京，并派军队闯入北京大学、女师大、中俄大学及报馆。

1926 年 4 月 26 日晚，曾经的《京报》主编邵飘萍被奉系军阀逮捕后枪杀。邵飘萍生前有"铁肩担道义，辣手著文章"之称，曾在《京报》发表过揭露张作霖黑暗统治的文章。同一天夜里。蒋梦麟突然接到北京政府前总理孙宝琦的电话。孙宝琦告诉他，他的名字也在黑名单上，军阀随时可能闯到他家，将他逮捕杀害，并嘱咐他快些寻找安全处避难。

蒋梦麟得知此消息后，心急如焚，他正思考要如何逃出时，门外响起了敲门声。蒋梦麟打开门，看到当时的司法总长王宠惠站在门外，这让他感到非常庆幸。王宠惠的汽车是军警不会检查的红牌车，蒋梦麟立刻跳上王宠惠的汽车，在王宠惠的帮助下，车驶向了东交民巷使馆界。在当时，军阀无法进入使馆界，所以那里是相对安全的。

使馆界里有一所六国饭店，这所饭店建于 1900 年，是英国人为了方便各国公使、官员和上层人士住宿、餐饮和娱乐而建造的。当时的六国饭店与法国人建造的北京饭店并称为京城最高档的两家饭店。蒋梦麟逃入使馆界后，便躲入了六国饭店，一住就是三个月。

与蒋梦麟一并躲入六国饭店的还有朱家骅等人，这期间，他们的朋友不时会来探望他们，帮他们带一些需要的东西。在这个"豪华监狱"里，蒋梦麟没有太多事情可以做，突然之间闲下来，他反而有些不习惯，只好写写字，看看书，一边打发时间，一边期盼着能够早日离开这里。

在六国饭店时，蒋梦麟曾与一位美国朋友开玩笑，说自己一直号召打倒帝国主义，如今却不得不投入帝国主义的怀抱，向帝国主义寻求庇护。虽说是玩笑，蒋梦麟的心里却一点也笑不出来。在自己的国家受到自己同胞的迫害，却要向其他国家寻求庇护，这不能不说是件令国家耻辱的事情，可他确实是因此才保全了性命。

在六国饭店住了三个月后，蒋梦麟打算趁着稍微松动一些的时局逃出北京。他有一位朋友的太太非常聪明，也非常有胆识，她给蒋梦麟出了一个主意，由她与蒋梦麟假扮夫妻，一同乘马车到火车站，这样警察便会对他们放松警惕，掉以轻心。

计划实施的那一天，蒋梦麟在这位太太的陪同下上了马车。一路上，他都非常紧张，担心会被军警或其他人认出来，那位太太反而很坦然，言行举止都非常自然，没有露出任何破绽。终于，他们到达了东车站，蒋梦麟谢过那位太太，登上了一辆开往天津的火车。

到达天津后，蒋梦麟又改乘了去上海的商船，并在船上意外遇到了曾与他一起躲在六国饭店的朱家骅。朱家骅当时已经接受了广州中山大学的聘请，此次前行的目的，就是去中山大学出任校长一职。船到达上海后，蒋梦麟告别了朱家骅，转而前往杭州。

1926 年 10 月至 1927 年 3 月，革命军先后入驻了武汉、南昌、杭州、南京等长江中下游城市，在这段时间里，虽然革命军取得了一定的胜利，却仍然没有完全将军阀驱逐。1927 年的江浙地区尚处于军阀孙传芳的控制中。北伐的国民革命军正要进入这一地区，对此地区进行讨伐。

在杭州，蒋梦麟见到了担任国民革命军将军的何应钦，何应钦信心十足地向蒋梦麟讲述了他即将以寡敌众的计划，蒋梦麟听过之后颇感担忧，认为此战无法取胜。蒋梦麟想，或许是之前其他部队的接连胜利令何应钦对军阀的军力估计有了偏差，并对革命军过于自信。他知道此战必败，于是立刻动身返回了上海。果然，几星期后，身在上海的蒋梦麟听闻了何应钦军队失败的消息。

蒋梦麟将家安在了上海，并在上海生活了半年之久，直到国民革命军进占杭州，将当地军阀彻底赶走之后，蒋梦麟才再次回到杭州。

杭州的西湖远近闻名，像镶嵌在杭州的一颗明珠。西湖的美吸引了无数文人雅士前来，并在此留下了许多风流韵事。当地的许多人也不由得沉迷于此美景中，真的把杭州当成了天堂，也将自己的眼光局限在杭州的风景如画中，认为杭州的意义仅限于此。

早年，蒋梦麟曾在杭州求学多年，虽然后期离开了这里，但他对这座城市仍然有着特殊的感情。即使在其他城市工作，他也时刻关注着杭州的变化和发展，并曾多次应邀来到杭州，与教育界的人士讨论教育改革问题。

此时的杭州已与蒋梦麟 16 岁求学时的杭州不同，虽然古代文化气氛浓郁，却也不失商业色彩，从这一点上看，它与北京是不同的。蒋梦麟说，因为没有洋人的占据，杭州的商业色彩比较清淡，是一个比较自由的商业城市。

蒋梦麟在晚年回忆当时的杭州时，曾说杭州在那一时期既有些像北京，也有些像南京。之所以说它有些像南京，是因为杭州拥有改革和建设的精神，虽然在气魄上不如南京雄伟，却也在重建中国的重任中起着不小的作用。

1927 年 5 月 6 日，蒋梦麟被任命为杭州省政府委员兼教育厅长，继续从事教育改革的工作。同年，国立浙江大学成立，蒋梦麟由于拥有多年代理校长的经验，故被聘为该校校长。

相比于蒋梦麟，李大钊则没有那么幸运。惨案发生后，他和六七人一并躲入了使馆界旧东清铁路办事处。1927 年 4 月 6 日，李大钊等人被张作霖的军队逮捕，关押在西交民巷京师看守所内，并于 4 月 28 日执行了绞刑。

离开北京之后，蒋梦麟庆幸自己逃过了一劫，却并没有因此掉以轻心或安然自得，不理时事。他仍然关注着北京的情况，关注着自己曾经的同伴们是否平安。当他得知李大钊等人被张作霖处以绞刑时，他感到非常心痛。特别是当他得知，张作霖不允许李大钊的灵柩入土为安，将它放在北京宣武门外的一个庙宇内时，他更是悲愤交加。

军阀对进步人士的迫害已经让人怒不可忍，然而由于自己也身处险境，蒋梦麟只得暂时收拾起自己的情绪。直到数年后，他回到北京大学，担任了北京大学的校长，他才有机会为李大钊主持一场正式的祭奠仪式，胡适、沈尹默等人都出席了仪式。仪式结束后，蒋梦麟将李大钊的灵柩安葬在了北京香山万安公墓。

第六章　投身教育不复悔

1. 浙大肩重任

1927 年，革命军进入杭州，孙传芳的军阀政府瓦解。革命军在杭州建立了浙江省政府，选举了省政府委员，并由五名省政府委员分别兼任民政厅、财政厅、军事厅、建设厅和教育厅的厅长。蒋梦麟当选为省政府委员之后，得到了兼教育厅长的任命。当时，他还担任过政治会议分会的秘书长，后来政分会撤销了，他也就从位置上退了下来。

教育厅内设四个科室，四个科室各司其职，分别负责文件档案的管理，高等教育、社会教育及出国留学的管理，中等教育的管理，以及初等教育的管理。蒋梦麟就任教育厅长不久之后，浙江省内便开始开展大规模的扫除文盲运动，这一运动总共进行了六七年的时间，除了普通的小学之外，省内还建立了许多短期的民众识字班，以便那些错过了入学年龄的民众也有机会学习识字，提高自己的文化水平。

识字是教育事业的基础，只有识字，才有机会学习到更多的新知识。民众的识字水平直接影响到民族是否健全，民族精神是否能够振起，国家是否能够发展。文盲的存在严重阻碍国家各方面的发展，消除文盲是救亡图存的关键。于是，扫盲运动应时而生。

长期的战乱使浙江省的教育发展受到了阻碍，为了恢复浙江省的教育事业，只重基础教育远远不够，蒋梦麟想，应该立刻建立一个规范的教育行政体系。于是，他决定就教育制度进行一次新试验，即成立一所综合性的大学。蒋梦麟的这一提议提出后，很快得到了认可和支持，随后，浙江大学诞生了。

浙江大学初建于 1897 年，当时名为求是书院，属于第一批由中国人自己效仿西方学制创办的高等学府。后来，由于新式学堂在中国不断兴起，求是书院不得不更名。从 1901 年 11 月至 1903 年 12 月，求是书院先后更名为求是大学堂、浙江大学堂和浙江高等学堂。

1914 年至 1927 年，由于战事连连，许多学校都不得不暂时关闭，这其中也包括浙江高等学堂。学校的关闭导致学生们无处求学，青少年的教育也受到了严重影响。自从这些学校关闭之后，浙江省的教育发展陷入了困境，并渐渐变得落后。浙江高等学堂原本是促使高等教育发展的重要学府，它的关闭使浙江省的高等教育陷入了低谷。

浙江高等学堂关闭后，浙江省内也先后涌现过一些高等专门学校，比如浙江公立工业专门学校、浙江公立农业专门学校等。因为有了这些学校的存在，浙江省的教育才并没有完全停滞，但这些学校毕竟只能对学生进行专业培养，对教育发展起到的作用并不是很大。所以成立一所综合性的大学更加成为势在必行的事情。

1918年，浙江省教育公署曾提议设立浙江大学，担任公署会长的经亨颐还曾用心起草过一份《陈请省议会设立浙江大学文》，递交给上级，然而该提议没有被通过。三年后，省议会再次提议成立浙江大学，并提议聘请一些德高望重的教育界名人担任浙江大学的董事，蒋梦麟的名字也在其中。

此次商议基本得到了认可，于是当地教育部门开始着手筹备建立浙江大学的相关事宜。蒋梦麟于1923年初应邀前往杭州，参加大学董事会议，在会上，他表现出非常高的热情。蒋梦麟一直将杭州看作一座文化之城，年少求学的经历更让他对这座城市抱有非同一般的感情，所以他自然非常希望能够为这座城市做些贡献。

在浙江省最高机关的委托下，蒋梦麟与同被选为董事的陈大齐等人依据他们在教育方面的经验，一起草拟了17章大学的章程，共计93条，并对其中一些需要具体说明的条例进行了附加说明。章程拟定完毕后，蒋梦麟将这些章程刊登在《北京大学日刊》上，并附上了说明：

"梦麟这回赴杭，参与杭州大学董事会，和同事草就意旨书一通，章程九十三条，计划书一通。回京后，向我索取者颇不乏人。我所以把他们登载大学日刊，以便大家参考。"

蒋梦麟心思缜密，考虑事情一向细致入微，在草拟章程时，他不但考虑到学校应以何为办学宗旨，如何设立学校机构，每一机构的成员组成，每位成员各司何职，学校日后如何发展，就连学校校址应坐落于何处，经费应该如何筹集和使用都考虑到了。可见，蒋梦麟对此事非常重视，并寄予了厚望。然而，此事的结果却令蒋梦麟失望至极。

蒋梦麟的心愿是好的，计划也是周密的，他将自己的教育理念和主张全然贯彻到了对浙江大学的计划中，然而，当时的社会却没有为他提供一个可以实现他心愿的条件。军阀混战，教育经费紧张，最后竟然发生了教育破产。由于经费不足，建立新大学的计划只得搁浅，然而这并不是令蒋梦麟最难过的事情。

对于一个在某事中投入了极高的热情的人来说，最大的打击并非是事情没能成功，也不是遭到了太多的阻碍，或是遇到了许多强大的敌人，而是自己的一番真心被人诋毁，即人们常说的"好心当成驴肝肺"。再没有什么比自己的真心受到污蔑更容易让一个人心痛到绝望。

在写给胡适的信中，蒋梦麟说，他没想到杭州教育界竟然变成了一只臭粪缸，在粪缸里面坐了看天，不但如胡适所说的"陋"，还有臭。对于自己当时的投入，蒋梦麟有些后悔，认为不但白费了自己的一番苦心，还"免不了沾点污水"。特别是当他听到传闻，说他因为收了张冷僧三百元好处，所以才竭力而为之时，他更是感到委屈和不平。

蒋梦麟对教育的热诚，但凡与他有过接触，或对教育界有所了解的人都能看得到，也感受得到。他从来不是一个会为了钱财而躬身讨好之人，却因为尽心尽力被人如此污蔑，不能不说当时杭州的教育界太过黑暗和污浊。

蒋梦麟对杭州教育界失望至极，他想，到底还是北京大方些。虽然臭，但至少还有几分臭招牌，还像样些。于是，他对杭州教育界的决定和计划放手了。他当时并没有想到，时隔多年后，自己又会来到这里，并且有机会实现自己当初的愿望。

1927年7月15日，国民政府在浙江大学的旧址上建立起新的大学——国立第三中山大学，并聘请蒋梦麟为该校校长。国立第三中山大学将浙江公立工业专门学校和浙江公立农业专门学校并入新大学，分别改为该学校的工学院和劳农学院，这些都是在蒋梦麟的主持下完成的。同时，蒋梦麟还请来邵斐子担任文理学院筹备委员，开始进行文理学院的筹备工作。

在国立第三中山大学建立前，蒋梦麟与蔡元培还曾计划成立浙江大学研究院，并于当年 5 月 30 日成立了浙江大学研究院筹备委员会及筹备处，然而由于建立研究院需要大量经费，而当时杭州政府经费又相对短缺，于是筹备研究院的工作便暂时搁浅，以建立大学为主要任务。

1928 年 4 月 1 日，国立第三中山大学正式更名为浙江大学。同年 7 月 1 日，更名为国立浙江大学。8 月，文理学院正式成立，共包括 10 个学科，邵斐子为院长。浙江大学正式成为浙江省的新式综合性学府。

蒋梦麟并非第一次担任校长，然而浙江大学校长对他来说确实是一次新的挑战，因为它不仅仅是一所高等教育院校，负责对大学生进行全方位的教育，还同时肩负着主管全省公立学校的责任。浙江大学成立后，教育厅便取消了，可以说，当时的浙江大学就相当于浙江省教育厅。

浙江大学的此举在当时起到了带头作用，随后，有另外两省也效仿了浙江这一做法，取消教育厅，成立大学由大学担任全省公立学校的管理工作，然而运行两年后，效果均不佳，并且时有内部纠纷和政治争执发生。已任国民政府教育部部长的蒋梦麟见此情况，决定废除该制度。蒋梦麟说，培植和埋葬这一制度的人都是他自己，其目的都是为了教育的发展。

在浙江大学的日子里，蒋梦麟仍然身兼数职。1928 年底，他从蔡元培手中接过了国民政府大学院院长的职务，之后，大学院改为教育部，他便成为了中华民国第一任教育部长，不断奔波于南京和杭州两地，出席各种会议和应酬。

升为教育部长之后，蒋梦麟便少有时间留在学校里，对于学校内部的具体事务也时而心有余而力不足。但是他的身份和地位为他赢得了不少的便利条件，也使浙大在发展过程中少有阻碍。

蒋梦麟在浙江大学就职三年，三年中，从开辟校址到正式建校，再到校内管理，没有一项与他无关。他为浙江大学做出的重大贡献被记载在校史上，他本人也成为全校师生永远怀念和崇敬的好校长。

2. "中基会"之魂

1900 年 9 月，清政府和 11 个国家签订了《辛丑条约》，同意支付各侵略国共 4 亿 5000 万两白银以作赔偿，同时每年付给各国 4％的年息，39 年还清。这笔钱史称"庚子赔款"。由于用于赔款的金钱来自海关等关税，给清政府带去了极大的经济负担。

1906 年，美国的一所大学校长向总统罗斯福提议，应该多将中国的学生吸引到美国来留学，并表示，对精神的追随比对军旅的追随更可靠，如果美国可以对中国当时的青年人进行教育，那些青年人一定会在以后给美国带去极大精神上和商业上的双重好处。同年，美国传教士明恩溥向总统罗斯福提议，可以将庚子赔款的一部分退还给中国，推动中国教育，以便中国将大批留学生送往美国。

1908 年，美国政府同意了将美国所得庚子赔款中的一半退还给中国，作为留学生经费，并于同年 10 月草拟了留美学生规程：清政府在接下来的四年里，每年至少要派给美国 100 名留学生，如果第 4 年时人数已达 400 人，则从第 5 年起，每年至少要派给美国 50 名留学生，直至退款用尽。

1909 年起，美国开始向中国退还部分本金和利息，作为清政府派去美国留学生的学习基金。1924 年 5 月 21 日，美国总统柯立芝对交还中国庚子赔款余额议案进行了批准，同意将余下的庚子赔款返还给中国，用于发展中国的教育文化事业，此时，已退回的款额大约是 1250 余万美元。

美国同意退还庚子赔款的消息一出，国内许多人都感到欢欣，同时也有一些人开始觊觎这笔巨款，妄想将这笔钱款据为己有，或用于私人目的。为了避免钱款流失，北京八校教职员工、中华教育改进社及北京教育基金委员会在北京召开了联席会议，并在会议上宣布："庚款清偿债务之后，全部用于教育，退还庚款的管理及分配使用，必须以教育界有资望、经验，并为公众所信仰者担任。"

1924 年 9 月 18 日，"中华教育文化基金董事会"成立于北京，简称"中基会"。"中基会"是一个科学文化机构，其主要职责是对美国第二次"退还"给中国的庚子赔款进行保管、分配和监督使用。基金会的 10 名中国成员基本都是在中国科教界有着威望的人，这些人品德良好，志在发展中国教育文化事业，第一任会长范源濂曾与梁启超等组织过尚志学会，是近代著名教育家。

1917 年，中国与列强签协定，同意中国缓付庚子赔款 5 年后，蒋梦麟便与一些教育界的爱国之士成立了"赔款部"，并亲自担任主任一职。赔款部隶属中华教育改进社，该社由新教育共进社、新教育编辑社和实际教育调查社合并而成，是一家新教育研究团体，也是当时中国最大的教育研究团体，其口号为"教育的科学研究"和"科学教育的改善"。

执掌北京大学教务后，蒋梦麟仍然对此事给予了极大的关注。1921 年 7 月，中华教育改进社在山东召开了第一次年会，会上，汤尔和等人提出应用庚子赔款的余款修建"伟大而壮观的建筑物"，并且当场列举出 10 个他们认为应该马上开始修建的建筑。蒋梦麟坚决反对汤尔和等人的提议，他知道，伟大而壮观的建筑物只是在视觉上令人震惊，对精神上的提高起不到实质作用。

蒋梦麟与胡适商量过后，两人共同针对不同国家的赔款起草了一系列赔款金额使用计划。他们希望将日本的赔款用于东方文化研究，将英国的赔款用于英国文化的系统的高深的研究。蒋梦麟还在《新教育》上发表了名为《关于美国退还庚子赔款余额的用途》的文章，提出一定要有效应用这些赔款，避免将它们浪费在不必需的事情上。

蒋梦麟曾在 1921 年年底去美国参加华盛顿会议时，向美国提出了庚赔余款的事情，并表示希望美国能够尽早归还这些钱款，以便中国的教育事业能够有足够的资金进行发展。"中基会"成立后，蒋梦麟因其高尚的人品和社会声望被选为"中基会"董事，参与钱款的分配。1925 年 4 月 28 日，"中法教育基金委员会"成立，蒋梦麟又被选为该委员会中国代表团中的一员。

对于庚子赔款返款的用途，蒋梦麟早有打算，他建议蔡元培将这些钱款用于置办教育硬件，给学生们购入图书和仪器，让学生们有更多的机会接触到国外新知识，新思想，也让学生们有更多的机会亲自动手从事研究。他将详细的计划拟成书面文件交给罗家伦，由罗家伦译成中文后寄给蔡元培。

1925 年，中华教育文化基金董事会与中国教育部协商订约，决定合办"国立京师图书馆"。之后依教育部令，京师图书馆改为国立京师图书馆。

1926 年，蒋梦麟参加了"中基会"第一次会议，当时他还只是一名普通的董事，并且面临着奉系军阀对他进行的紧密追捕，若是因此不能出席，也情有可原。然而他并没有以此为理由躲在六国饭店里不出门。会议当天，他小心翼翼地从六国饭店溜到北京饭店，出席了这次会议。

1927年4月，南京国民政府的成立让"中基会"遇到了前所未有的难关。由于会内的董事都是由曾经的总统曹锟委派，而曹锟又是由于贿赂了480名参会议员才当上总统一职，所以南京国民政府对"中基会"的董事持怀疑态度，并要求改组"中基会"。

次年7月27日，蔡元培在国民政府第82次会议上提出，所有董事均要由现有政府重新挑选，任期3年，期满后由大学院根据学术界公意再选。胡适对此提议表示强烈反对，称这种行为是政治对教育文化的干涉。

同年10月，大学院院长由蔡元培变成了蒋梦麟。又过了半个月左右，大学院变为教育部，蒋梦麟由此成为教育部长，主持"中基会"的工作。蒋梦麟善于协调，又深知胡适的个性，所以接手"中基会"之后，他立刻向胡适表示，可以采取折中的方式，让政府不喜欢的5位董事离开，另选新人加入，同时保留其他的董事。至于新章程方面，可以由董事会讨论解决。

蒋梦麟邀请胡适等人到南京面谈，此次面谈很顺利，胡适对蒋梦麟提出的建议表示满意，同时又提出了一些其他的意见，蒋梦麟对胡适新提出的意见也表示赞成，于是胡适没了脾气，与他一同等待美方代表孟禄到来后，正式开会解决改组的问题。

谁也没想到，孟禄到达上海后，新的问题又产生了。孟禄说，美国政府承认国民政府的合法性，也同意"中基会"改组的决定，但是，由于当初和美国政府达成返还余款协定的是北洋政府及北洋政府的"中基会"董事会，而如今北洋政府已经不存在了，当局的是新成立的国民政府，并且董事会也即将换人，那么当初的协定也就作废了。

这一切出乎蒋梦麟的预料，正当他思考如何是好时，胡适从孟禄那里听到了最新的消息，除非国民政府承认旧的董事会仍然有效，否则美国政府可以不再继续支付赔款余额，于是胡适立刻代蒋梦麟起草了一份准备上交给政府的报告，之后拿给蒋梦麟过目。蒋梦麟看过之后，认为只能如此，便带着报告回到南京，交给南京政府审议。

12 月 4 日，赵元任、孙科和伍朝枢联合声明，自愿放弃"中基会"董事资格，"中基会"改组风波就此平息。之后，"中基会"重新选了三名补入董事，并于 1929 年 1 月 3 日召开了第三次常会。在会上，蔡元培被任命为董事长，孟禄和蒋梦麟被任命为副董事长。

之后的 10 年里，"中基会"参与了许多教育建设工作，比如与教育部共同就建立北京图书馆一事进行商讨。在这件事情中，身为教育部长的蒋梦麟自然付出了不少的心血。在蒋梦麟的主持下，"中基会"的各项工作都进行得很顺利。11 年后，蔡元培病逝，蒋梦麟继任"中基会"主席。

3. 无心入纷争

刚刚上任教育部长不久，蒋梦麟便提出了《浙江大学区今后教育改进计划》，并于同年 6 月宣布将外国人创办的教育事业收为国有，由省政府、国人或国内团体接手，听候审查立案。

同年 11 月，蒋梦麟决定废除浙江省内所有文言文教科书，推广白话文。他还多次将省内各地的教育行政人员召集在一起，为他们举办讲习会，以便他们能够拥有必备的素质，更加有效地对中小学生进行正确的教育。

身兼第三中山大学校长的蒋梦麟在工作中发现，学校的师资力量不够是一个重大问题。他知道，师资队伍的建设是教育开展的基础，没有足够的师资力量，学生们就得不到充足的教育，学校也难以维持。如果继续任由师资力量贫乏下去，很难建成一所大规模的高等教育学府。于是 1928 年 2 月 25 日，他提出创办一所乡村师范学校。

为了创办乡村师范学校，蒋梦麟召开了一次会议，在会议上，他提出了自己的这一想法，与会人员都表示赞同。经过一番讨论，他们将湘湖定为第一试验区，若是此举能够成功，他们将来会在每县都设立至少一所师范学校。

蒋梦麟知道，陶行知曾于 1927 年在南京创办了一所晓庄师范，并受到了蔡元培的大力好评，称这所师范中采用的"教学做合一"的指导思想是"现代教育方法中最好的一种"。时隔一年，蒋梦麟决定亲自去一趟晓庄师范，看一看那里的情况。

陶行知与蒋梦麟曾同为杜威的学生，看到昔日同窗，两人都感到非常亲切，也非常激动。在陶行知的带领下，蒋梦麟和沈定一参观了晓庄师范。此次参观令蒋梦麟感到受益匪浅，也让他更坚定了办学的信心。于是他在第二次会议上决定，聘请陶行知协助创办湘湖师范。陶行知接受了蒋梦麟的聘请，并出席了 6 月 24 日的第三次会议。

湘湖师范的校长是陶行知从晓庄师范中挑选出的优秀人才，经过一系列的准备工作，1928 年 10 月 1 日，湘湖师范正式开学了。该校以陶行知的生活教育理论为基本教育理论，以生活法为教育法，"在做上做，在做上学"，以"生活现象之说明"为"教育现象之说明"，"在劳力上劳心，用心以制力"。

在全体教职员工和学生们的努力下，湘湖师范很快得到了发展，成为拥有中心小学、幼稚园、中心茶园和民庆夜校的大规模教育机构，名扬省内外。后期有不少知名的教育人才都是从这里走出去的。

1928年，蒋梦麟正式出任中华民国第一任教育部长。作为一名以教育为终身事业的人，能够坐上这一职位，蒋梦麟的心里是开心的，令他开心的并不是教育部长一职位高权重，而是身处这一职位，他就可以更好地发扬他的教育理念，传播他的教育思想，对当时的教育进行改革，可事实并不如他想象得美好。

蒋梦麟非常希望自己能够在这一职位上大展拳脚，有所作为，为了能专心工作，他在1929年辞去了浙江大学校长一职。然而他的想法还是过于天真和单纯，当时的教育界内部本就存在着一些派系之争，加之教育界一些元老对蒋梦麟心存芥蒂，看不过眼，这些都使蒋梦麟在教育部的每一步都走得很艰难。

教育界内部的派系之争，主要由于教育人员拥有不同的思想和教育理念。在清朝，国内的留学生主要会去日本，学习东洋的文化和技术。随着国门的打开，当人们发现日本也不过是模仿者，真正先进的技术和文化都在欧美时，他们对日本的崇拜就渐渐变淡了。而后，前往欧美留学的人数也开始增加。

留学生们结束学业后纷纷回到祖国从事教育工作。因为留学的国别不同，国内的教育界便不自觉地划分成三个派别，崇尚西方文化的欧美派，崇尚东洋文化的留日派，坚持传统文化的未出国门派。随着留学欧美的人越来越多，国内教育界也从由留日学生把持转变为由留欧美学生把持。在当时的社会上，还流行着一种"西洋一等、东洋二等、本国三等"的偏见。

后来，派别越分越细，曾在法国留学的人又自成一派，从欧美派中独立出来。这一派别的主要代表人物有李石曾，他曾在法国勤工俭学，回国后，便大力采用曾在法国留学的人，李书华、张乃燕、诸民谊等人都是他这一派的主要人物。

这些留洋回国的人都认为自己的学问是最好的，最正确的，于是骄傲之心便越来越重了，轻视甚至鄙视其他人的学问。1920年，罗素在访问中国时便已经发现了这一趋势，指出曾在不同国家留过学的人之间时常会发出分歧，然而当时大多数人都没有在意这一点。几年之后，这种分歧越来越严重，并对民国学术的发展造成了一定的伤害，人们才渐渐意识到，这种分歧已经不单纯是学术上的分歧了。

蒋梦麟曾赴美留学，提倡西方教育理念，他曾管理的北京大学中又出现过许多的前往欧美留学的学生，所以他自然成为欧美派的代表人物，也因此遭到了许多其他派别教育者的敌视。虽然他本人对其他派别的教育者并无敌对之心，可其他人却对他颇有防范之心。

蔡元培与蒋梦麟一同被视为欧美派的代表人物，当他与留法派的代表人物李石曾就"是否应该在北平成立大学区"这一话题发生矛盾时，两派的其他人之间的矛盾也加深了。蔡元培一直提倡兼容并包，唯贤是举，所以虽然他比较倾向于欧美的文化，却并没有明确建立起派系，反而是李石曾一贯任人唯亲，对派系看得较重，所以自然就将蔡元培视为了对手。

在李石曾的带动下，被蔡元培推荐而当选教育部长的蒋梦麟受到了许多来自留法派的无形攻击。以丁惟汾和经亨颐为代表的留日派也对由欧美派代表人物蒋梦麟掌管的教育部心存芥蒂。此外，许多不曾出国留学的人思想仍然偏向于传统，不赞同成立教育部。

舒新城曾在《近代中国留学史》中提及，在当时的社会，许多留学生为了保护自己的社会地位，以免生活上遇到种种问题，于是开始"植党以谋生活上之安全"。曾在日本留学的学生与曾在欧美留学的学生之间发生了严重的冲突，两批人相互排挤，相互打击，一些从美国留学回来的人甚至秘密组织了兄弟会。

拉帮结派的学术界人士在当时也被人称为"学阀"。这些学阀不但私自结党，还鼓动学生们加入他们的阵营，利用教育的势力让学生为他们做冲锋，充当挡箭牌，并帮助他们打击与他们意见相左的人。军阀之争刚刚平息，学阀之争又起，令整个社会不得安宁，并且更加有碍于教育的发展和进步。随着各派别之间的矛盾日益激烈，教育界的和平也被破坏了。

身陷这样的纷争之中，蒋梦麟不可能坐视不管，何况他身为教育部的部长，有责任去清理教育界中的污浊之物，有义务去纠正一些不利于教育发展的现象。于是，虽然无心去争，蒋梦麟仍然在这场风波中遭受了一波又一波的冲击。

4. 无大臣之风

蒋梦麟与蔡元培有着相同的主张，对不同的学派采取包容和接纳的态度，从不极力排斥或排挤不同的学派，所以教育界的派系之争对他并没有造成太多的不利影响。真正的阻碍来自其他的方面。

蒋梦麟为人谦和，处事低调，本不会给他招致仇家，然而他又是个极为认真的人，特别是对于学问和教育，一旦认准一件事，说什么都要做完，并且会努力做到尽善尽美。他对个人理念的坚持让他在无意之中得罪了不少人，他在各方面的优秀表现也让他遭到了不少人的嫉妒、排挤和仇视。

就职北京大学期间，蒋梦麟做出的贡献有目共睹，无论是教学管理、教务管理或是学生管理，他都处理得非常好，所有教职员工和学生都对他赞不绝口，社会各界也对他称赞有加。然而木秀于林，风必摧之，在社会上，总有那样一些人见不得别人比自己好，比自己地位高，并且以小人之心度君子之腹。

蒋梦麟代理北京大学校长时，北京师范大学的校长易培基看到蒋梦麟位高权重，深得人心，不由得心存忌妒，然而蒋梦麟的地位已经得到了众校认可，他即使想要取代或扰乱，也无从下手。每逢听闻蒋梦麟又因某事得到了众人的好评，易培基的心里都会再一次感到不舒服。

身为教育部长后，蒋梦麟恪尽职守，掌管全国的教育事业，在职期间，他制定并发布了《大学组织法》，取消单科大学的设置，对无良的私立大学进行了严肃整顿。

蒋梦麟对教育经费的使用也格外关注。教育经费需要由教育部向财政部申请，然后下发给各国立大学。在北京大学的那些年让蒋梦麟意识到教育经费对大学发展的重要性，所以在申请经费时，他总会下意识地留意一下各学校经费使用的情况，并根据各校师生人数比例和院系数目对经费进行审核。

1930 年，蒋梦麟在申请教育经费时发现，相比于大多数的大学，有两所大学的教育经费支款明显偏高，一所是国立中央大学，另一所是上海劳动大学。蒋梦麟仔细核对了这两所学校的人数比例，得出这两所学校没有合理妥善应用经费的结论。于是他勒令上海劳动大学停止招生，并命其改组，而此时，上海劳动大学的校长恰恰又是易培基。

　　作为教育部长，勒令一所有问题的大学停办实属正常，而由于易培基与蒋梦麟之间早有过节，所以在易培基心中，蒋梦麟是故意与他作对。新仇旧恨加在一起，易培基火上心头，便指使学校的教职员工一起反对教育部，拒绝接受停止招生的指令，并且坚决不改组。易培基将事情越闹越大，最后，国民政府将他从学校开除，他则将这一结果也怪到蒋梦麟头上。

　　蒋梦麟说，自己当时年轻气盛，心里有什么决策都必须贯彻到底，不肯对别人通融，所以才会到处碰壁。很多时候，他自认自己在励精图治，而在别人眼中，他不过是一意孤行，自然会招来别人的排斥和反感。

　　蒋梦麟在接任教育部长一职时没有想到，政府中的人际关系盘根错节，不但有派系关系，还有各种姻亲关系，牵一发而动全身。易培基对蒋梦麟的怨恨不仅与他们二人有关，还与李石曾和蔡元培有关。易培基与李石曾是姻亲，蔡元培与蒋梦麟既是师生又是教育革命的伙伴，李石曾与蔡元培由于派系原因一直不合，这也间接导致易培基对蒋梦麟不满。

　　除了易培基，张乃燕与蒋梦麟之间也有着复杂的矛盾。蔡元培之子蔡无忌曾担任中央大学农学院院长，他在离职前曾与当时的校长张乃燕发生过冲突，而张乃燕是政府元老张静江的侄子，这便导致了张静江与蔡元培之间的过节。同样，身为蔡元培的支持者，蒋梦麟自然也少不了被张静江和张乃燕视为对立面。

　　1928年5月，国立第四中山大学更名中央大学，设文、理、法、教、农、工、商、医等院系，成为当时中国拥有最全院系的大学。中央大学成立之后，一直存在着些许经费问题，到1929年，经费问题变得严重，不时有学生向教育部提出维持经费的要求，教职员向教育部索薪事件也时有发生。

　　1930 年 10 月，中央大学的学生在写给校长张乃燕的信中提出了三点要求：减免学杂费，改善住宿条件；精减行政机构，公开学校预决算；对校中的贪污分子进行查处。为了安抚学生的情绪，张乃燕在读过信后立刻采取了行动，然而细心的学生发现，他的这些行动只是虚张声势。

　　张乃燕将校务处、事务处和秘书处合并为总务处，从表面上看，机构的数量确实减少了，可事实上旧的机构并没有真正取消，而是隐藏在新机构的头衔下维持着正常运作。张乃燕的诡计很快就被识破了，学生和教员们都对他这种瞒天过海，换汤不换药的做法极其不满，于是一起对他表示了抗议。

　　眼看学生和教职员工越来越无法控制，张乃燕想到了辞职。张乃燕是国民党元老张静江的侄子，很多时候心中都会产生优越感，所以在辞职时，张乃燕没有通过教育部，直接通过个人关系将辞职信递到了当时政府最高层的手上，然后一走了之。蒋梦麟看过报纸之后才知道张乃燕辞职一事。

　　蒋梦麟对张乃燕这种不负责任又逾权的行为非常不满，他在接受记者采访时说，中央大学在所有的国立大学中占据着首要位置，对于这样一所大学而言，校长的去留是件大事，"绝非一二人所能决定"。就在蒋梦麟接受采访的第二天，中央大学中发生了一起"校园暴力案"，这场"校园暴力案"的产生也足以说明蒋梦麟的担忧是正确的。

　　10 月 27 日上午，黄曝寰在校内举办的孙中山纪念周活动上宣布了学校改组的决定，并告知全校师生，他将暂时代理学校事务。当有学生问他是否赞成此次改组时，黄曝寰称自己无法对此事负责，于是学生们大怒，将他推下讲台，一直推进总务处长办公室。还有一些愤怒的学生摘下了总务处的门牌，狠狠地在上面踩了几脚。

面对愤怒的学生，黄曝寰不敢作声，学生们认为他做贼心虚，于是更加气愤，拳打脚踢地将他赶出了校门。走出校门后，他听到学生当中爆发出的欢呼声和鼓掌声，心里非常无奈，于是向上级请示，退回张乃燕的辞职申请，让张乃燕重新回到学校，可是张乃燕去意已决，说什么都不肯回到中央大学。

张乃燕声称，学生和教职员工会联合起来对付他，完全是受到了蒋梦麟的鼓动，而且蒋梦麟曾向最高层告他的状，指责他工作不力，对学校管理不当，所以他无论如何都不可能再回去当校长。蒋梦麟得知张乃燕对他的指责后，登报反驳，虽然用词温和，却也不失不满。

虽然自小对绍兴师爷的为人处世方法有所了解，并且对他们的为人治事之道颇感认同，可是遇到问题时，倔强的天性令蒋梦麟还是没能效仿绍兴师爷那种"化大为小化小为无"的精髓。任职教育部长的经历让蒋梦麟得到一个教训："武力革命难，政治革命更难，思想革命尤难。"

此事最后由最高层出面作了了结，11 月 25 日，政府请了朱家骅任国立中央大学校长，两天后，蒋梦麟辞去了教育部长一职。辞职前夜，蒋梦麟在教育部的办公室里迎来了吴稚晖。吴稚晖看着蒋梦麟，问他中央大学和劳动大学究竟犯了什么罪，令他如此为这两校诉冤。

吴稚晖认为教育部长相当于国家大臣，应该将眼光多放在国家大事上，不要对一些小事太过用心。最后他用手一指蒋梦麟，说："你真是无大臣之风。"看到吴稚晖炯炯有神的双目，蒋梦麟恭敬起身说："先生坐，何至于是，我知罪矣。"

在中国传统文化中，大臣应有"大臣之体"，必须持身之严、守道之坚、辞色之谨，只关心大事，处理大事，制定大计。对于民间小事，大臣若是不知、不管、不问，完全不需要感到羞愧，因为那些事情本就不在他们的职责范围之内。

身为教育部长，因为别人的一句话就乖乖放弃职位，很明显，蒋梦麟本人对教育部长一职并没有多大的兴趣，他之所以在这个职位上坐了两年，完全是为了能够实现自己的理想，而并非留恋这一官衔，吴稚晖说他"无大臣之风"，也没有什么不妥。

蒋梦麟在辞职后收到好友刘半农送给他的一枚图章，上面刻的便是"无大臣之风"五个字。或许在其他人眼中，蒋梦麟的性格确实不太适合做大臣，因为他虽然有宏观眼光，却也总是无法放弃对细微事件的关注。在他眼中，事无大小之分，学校之事亦是教育界之事。但相比于当时那些只懂得闲话家常，走走过场，做做样子的大臣们，蒋梦麟已经足有大臣之风了。

5. 接手烂摊子

蒋梦麟的辞职申请得到了政府的批准，随后，政府打算派高鲁为新一任教育部长，然而高鲁的上任得不到胡展堂等人的认可。胡展堂甚至在会上质问："高鲁何如人，乃可托以教育行政之责任，岂不羞天下之士！"无奈之下，当时任行政院院长的蒋介石只得亲自肩负起教育部长一职。

1930 年 10 月，蒋梦麟回到了北京，也回到了北京大学。再次走入北京大学的校门时，蒋梦麟的身份变了，他不再是代理校长，而是北京大学正式的校长了。此时的北京也变了，北京已经更名为北平，北京大学的校名虽然以历史关系为名未作改动，但北京大学校园内，很多东西也都不如从前了。

蒋梦麟原本不想回到北京大学，因为他知道，自从他离开北京大学之后，北京大学就发生了极大的变化，无论学术氛围还是学术地位。1927年时，张作霖带领奉系军阀入京后，便下令将北京所有国立高等学校全部改组。同年8月，张作霖将所有国立高等学校合并在一起，称之为"京师大学校"，北京大学没能逃出此劫。

与北京大学一起被并入"京师大学校"的，不但包括所有的国立专科院校、师范类院校，还包括各女子师范大学和女子大学。一夜之间，北京大学成为"京师大学校"中的北京大学学院，其地位也一落千丈。

京师大学校的校长是当时的教育总长刘哲，他出任该校校长后，滥用权力，将原有各校降为京师大学校的院系，并安插自己人为各院系学长，对学生进行高压管理。曾经在蔡元培和蒋梦麟管理下营造出的，兼容并包的北京大学学术氛围全都毁于一旦，取而代之的是清一色的旧式教育，学生们必须熟读古典经书，必须学习八股文。

蔡元培和蒋梦麟早为学生们打开了眼界，激发了他们对知识的渴求，如今突然之间要他们回到封建社会一般的教育，他们哪里受得了。更让学生们难以忍受的，是学校中自由学习氛围的消失。学生们无法再根据个人的喜好去选择要学的科目，也无法因为兴趣去接触到新鲜有趣的知识。

在学生管理方面，刘哲采用了极不近人情的模式，男女生的座位必须分开，所有学生必须严格遵从学校的安排，不得有一丝半点的质疑和反抗，如有不从，严惩不贷。有一次，一名学生看不惯教员的专横霸道，向其表示抗议，刘哲立刻威胁该学生，如果该学生再不服从管教，他有办法诬陷该学生，将他毒杀后埋入炭坑。

奉系军阀完全不懂教育，更不懂学生管理，只知用蛮横暴力强迫学生服从他们的统治。刘哲的所作所为遭到了全体北京大学学生的怨恨，可是学生们虽恨，却无力与手持枪械的军阀发生正面冲突，只得暗地里称刘哲等人为"学匪"。在奉系军阀的统治下，北京大学的学生们每一天都生活在水深火热中，他们都迫切地希望能够早日挣脱军阀的统治。

《晨报》曾用"三千学生均面现忧色，惨然若大难之将临也"来描写当时学生们的苦难生活。不少学生由于受不了这样的校园和制度，纷纷退学。而刘哲却不以为意，仍然大量招收新生。

1928 年 6 月，张作霖和他的奉系军阀被革命军赶出了北京，京师大学校终于解体。曾经北京大学的学生们见此情况欢欣雀跃，并自发组织复校运动，希望能够恢复北京大学校名，然而接连几次都不得如愿。同年 6 月，国民政府决定将北京大学改为国立中华大学。8 月，国立中华大学又改组为国立北平大学，直到次年 8 月，北京大学才恢复北京大学的校名。

1928 年时，蒋梦麟虽为教育部长，但人不在北京，对北京的一些事情也无法照顾周到。1928 年，李石曾在大学委员会上提出成立北平大学区，遭到了身为大学院院长的蔡元培的否定。最后，李石曾利用自己的关系强迫大学院接受这一提议，并担任了北平大学校长，负责北平大学区的一切事务。此事导致了蔡元培的辞职。

李石曾的行为激怒了北京大学的师生，北京大学师生强烈拒绝接受改组，并且拒绝正式开课，无奈之下，李石曾躲到了西山，将一切事务交托给副校长李书华。北京大学师生们见抗议有效，更加坚定地开展复校运动，要求"北京大学名称不改，组织不改，直隶中央复校"。在此次风潮中，学生们还捣毁了李石曾和李书华的两处住宅。

蒋梦麟一向不支持学生闹风潮，他知道蔡元培也是此心，于是为了平息风潮，他请蔡元培与自己一并发表电文，劝说北京大学学生不要过于执着更名一事，把事情闹得不可收拾。以往，凭他们的声望，学生们多少会安静下来一些，可是这一次，他们的劝说没有起到作用，学生们依旧闹着风潮，并派出学生代表前往南京，直接向南京政府请愿。

最后，吴稚晖想了一个折中的办法：同意北京大学独立，但暂不复名，同时任命副校长李书华为北京大学学院院长；将北京大学学院的一、二、三院称为文学院、理学院和社会学院；不改动现有校内组织结构，对现有十四系进行保留。吴稚晖的提议在当时说得上是相对中立的提议，于是学生们同意了，没有继续闹下去。

1929年3月11日，北京大学重新开课。开课后，学生们一边上课，一边继续进行复校运动。同年6月17日，国民政府终止了试行大学区制，这一消息让学生们又开始躁动，并再次向政府要求恢复北京大学校名，并要求政府将北京大学独立的消息告知天下。在学生们的多次努力下，国民政府于8月6日同意了恢复北京大学校名，并将北京大学从北平大学中独立出来。

北京大学复名后，蔡元培在全校师生的强烈要求下同意担任校长一职，暂由陈大齐代理。然而由于当时的政策限制，若是担任北京大学校长，便不能担任中央研究院院长，衡量之下，蔡元培最后不得不辞去北京大学校长一职，并推荐蒋梦麟继任北京大学校长。

平心而论，蒋梦麟不愿回到北京大学，接到这一任命后，他先在南京逗留了一段时间，然后前往了杭州。如今的北京大学着实是个烂摊子，没有了当初的优秀教员，缺少了多年的进步机会，虽然恢复了校名，却早已不是当初蒋梦麟管理下的北京大学，最多只能算一个"文化古都"。加之经费拮据，人心浮动，想要管理这样一所学校，实在太难。

一个大学教授每月的薪水只有三百元，还不如政府一个科长的月薪多，有能力离开的教授都离开了，剩下的不是不想离开，而是因为各种原因无法离开。留下来的教授并没有将心思完全放在北京大学的教学上，他们四处兼职，去其他学校代课，以此多赚些钱，北京大学却只能任由他们如此，因为他们为了保住饭碗，早已通过评议会制定了对他们有利的规定。

胡适曾说，面对如此的北京大学，蒋梦麟再三犹豫，甚至不愿前来，都是可以被理解的。然而，最后蒋梦麟还是前去了，使他下了决心的人，是他曾经的学生，如今的北京大学教授——傅斯年。

傅斯年曾在北京大学就读多年，在他心中，北京大学有着重要意义，所以为了重振北京大学，他找到胡适，与胡适一同商量出了帮助北京大学的办法。傅斯年与胡适想到的办法便是向中基会求助。他们找到当时担任中基会美方董事的顾临，向他说明来意，顾临立刻表示赞成。最后，他们三人一起拟订了一份由中基会资助北京大学的方案。

看到这份方案，蒋梦麟非常感动，他在三人眼中看到了真诚和热诚，也看到了希望，他想，既然有这么多人愿意帮助北京大学，他还有什么理由退缩呢？1931 年 1 月 9 日，中基会在第五次常会上通过了为北京大学提供教育基金的方案，同意在接下来的四年里，每年与北京大学各出资 20 万元国币，以供双方合作研究之用。

　　蒋梦麟出席了此次会议，之后便动身北上。他说，他要用三个月时间来观察实际情况，来发现问题。就这样，时隔三年，蒋梦麟又一次回到了北京大学，等待他的，自然有无数困难，但他的心里有希望，有热情，身边有朋友的支持，有中基会的支援，他便什么都不怕了。

第七章　重振北大寄新愿

1. 定制束众人

对于 1930 年的北京大学师生而言，蒋梦麟是一个可以信赖的人。看到师生们对自己的喜爱和信赖，蒋梦麟心中升起了一股强烈的使命感。他想，自己一定要还北京大学一派新气象，这不仅是为了北京大学，为了教育界，也是为了这群渴求知识的学生。

蒋梦麟做出了决定，他要重新将蔡元培的教育思想贯彻到如今的北京大学校园中，让北京大学恢复良好的学习氛围。他还决定，依据自己多年来坚持的教育理念，和他在教育工作中积累下来的各种经验，将学校改良成为一所拥有先进思想和教学制度的大学。

人才的缺失确实是北京大学近年来存在的最大问题，军阀统治时期不必提了，在军阀统治北京大学前，便已有不少有着真才实学的教授因生计问题不得不离开学校，另寻出路，或南下，或出国，还有一些如李大钊一般的进步人士因遭受迫害，失去了生命。后来，军阀进京，又有一些学者离开北京大学，参加了革命。

流失了大量人才的北京大学怎么能够担得起教书育人之职呢？蒋梦麟想，重新聘请有实力的教授自然是重要的，但更重要的，是要先改善学校的制度。如今的北京大学已经无法再采用之前那种教授治校的制度了，因为如今学校的教授们为了挣钱，保持自己体面的生活，已经忘记了教学才是他们最重要的任务。

1917 年，蔡元培为了学校的发展，提出了"教授治校"的办学理念，由"积学而热心"的教员协助治理学校。后来在蒋梦麟的协助下，北京大学开始实施教授治校，设立评议会，由教授们担任评议员，参与学校规章制度的制定。

不能否认，黑暗的社会是导致教授们失去师德的一个原因，但同时，教授们自身品质的降低也是不能忽略的。教授治校的制度让他们有机会利用职权谋私，通过评议会制定各种各样的"潜规则"，这样他们就可以肆无忌惮地外出兼职，并且阻止外来教员与他们抢课。久而久之，外面的教员了解了北京大学的这种"潜规则"，自然也就不愿意进来蹚这摊混水。

没有外来的威胁，也没有内在的反对，这些教授更加得寸进尺，有些教授为了保证个人收入，走马观花般穿梭于不同的大学之间，他们的日程表上排满了各校的课程，据说最忙碌的教授一星期能够在外兼职授课 40 多小时。

如此的教学态度必然会降低学校的教学质量，蒋梦麟坚决不允许这样的情况继续发生，于是他决定，取消教授治校，改为"教授治学，学生求学，职员治事，校长治校"。蒋梦麟说，校长应当改善学校环境，使教授和同学能够打成一片，和睦相处。他希望教授和学生都能以研究学术为主要任务，不要偏离重点。当蒋梦麟在 1931 年北京大学纪念周会上公布了这一提议时，台下不少教授的心都忽地一沉。

蒋梦麟知道此举很容易引起教授们的不满，还可能会令一些人对他产生猜忌，认为他想要一统北京大学，只手遮天，但他还是这样做了。果不其然，当他实施"校长治校"这一方针后，有人在《大公报》上发表文章，称"北京大学今日在蒋氏治理之下，确较年前稍有声色，但'教授治校'变为'校长独裁'，今后校长恐随政治而转变，是为可虑耳"。

了解蒋梦麟为人的人都知道，他不是贪图权力之人，不可能实施独裁统治。发表文章的人一定对蒋梦麟不够了解，才会有此猜忌。事实也证明，蒋梦麟虽然提出"校长治校"，却并没有对学校的教务进行过多干涉，只有需要作出行政决定时，他才会出面，拍板定论。

蒋梦麟深知用人不疑的道理，所以在学术方面，他很少插手，而是放手让教授们自行处理。俗话说得好，要人如何对你，便要如何对人。蒋梦麟给予了教授们足够的尊重，教授们自然也会尊重他，从而接受他决定的各项制度。

仅仅给予教授们尊重还不够，生活问题也是导致教授们无心向学的关键。为了能够使教授们安心在学校从事教学工作，他表示，会将中基会提供的资金用于提高教授的待遇，让教授们不用外出兼课，便能够过上安定的生活。他还规定，每个系最多只能有五名教授，教授的职责不但包括常规教学，还包括鼓励学生多做自由研究工作，对学生起到引导和协助的作用。

蒋梦麟将教授的年薪提升到 4800 元至 9000 元，即每个月400 元至 750 元，比之前的月薪提高了至少 100 元。除了固定月薪，教授们每年还有少于 1500 元的设备费。如果研究需要用到贵重设备，教授们还可以向学校提出申请，由学校商议是否购置，不需教授们自付。

虽然北京大学教授兼职成风，然而大多数教授外出兼职只是为了维持生计，而不是为了敛财或出名，所以当他们听到蒋梦麟的保证后，都稍稍松了一口气。既然基本的教学工作就能保证他们过上安稳的日常生活，他们自然没有理由继续去其他学校兼职了。

稳定了教授们的心，蒋梦麟便可以放心地对学校进行改革了。1932 年 6 月 18 日，他公布了由他亲自起草的《国立北京大学组织大纲》，声明北京大学将"以研究高深学术、养成专门人才、陶融健全品格为职志"。教授们不需要再为了学校事务而劳神，可以将心思都用在学术研究和学生教育上。

蒋梦麟取消了评议会，将校务会议设为学校最高权力机关，由他本人担任主席一职。校务会的其他成员包括各院系院长、学系主任、秘书长、课业长、图书馆长，以及由全体教授和副教授选出的教授代表。校务会的主要任务包括设立或废止学院或系，从事大学内各项预算工作，对校内各项规章制度进行讨论和修改等。

校务会议的成立从一定程度上分散了校长的权力，许多校务相关事情不再由蒋梦麟一人做主，而是通过校务会议进行商讨和确定。除了管理全校的校务会议，每个学院还有自己的院务会议，其下属的各学系也有自己的系务会议，院长和系主任为院务会议主席，负责本院一切与教学相关的事宜。

除了校务会议，蒋梦麟还在北京大学成立了行政会议和教务会议，分别负责学校的行政事务和学校的教务。此外，蒋梦麟也对其他校内机构进行了改制，将原有的教务处改为课业处，主要对学生的课业进行管理；将总务处改为秘书处，掌管全校事务及行政事务，并监督下属的各个机关。

由此可见，蒋梦麟确实没有独揽大权之心。他将权力分散给下属的各机构和委员会，由院长、系主任、课业长等人担任不同机构和部门的负责人，并指定一些品行优良的教授担任各委员会主席和委员。这些部门各司其职，辅佐学校的运营，直到1936年，经费紧张，蒋梦麟才精减了行政人员，同时取消了秘书处和一些委员会，用以节约学校的开支。

2. 甘心做"恶人"

蒋梦麟知道，想要成功，单凭一人之力难以达成，为了实现计划，他一上任便在物色院长的工作中煞费苦心。精挑细选后，他选中了胡适、周炳琳和刘树杞三人为文学院、法学院和理学院的院长。

胡适与蒋梦麟熟识已久，蒋梦麟深知他学识渊博，为人正直。周炳琳早年参加过五四运动，获得过穆藕初奖学金，并且曾是北京大学派出的第一批留学生，并在取得了美国纽约哥伦比亚大学文学硕士的学位后，进入英国伦敦大学经济学院和法国巴黎大学继续深造。刘树杞曾先后就读于伊利诺伊大学和密歇根大学，并最终取得了哥伦比亚大学化学系的硕士学位和博士学位。这三人都是蒋梦麟心中合适的人选。

蒋梦麟非常希望胡适能够接受他的聘请，可是胡适却舍不得自己在中基会"编译委员会"的职务，再三推辞。胡适说，自己可以义务为北京大学的学生上课，但不想在北京大学做专职教授，更不要说是一个学院的院长。然而，或许是蒋梦麟的坚持打动了他，或许是他对北京大学那份特殊的情谊推动了他，最终，胡适还是接受了邀请，出任北京大学文学院院长，并担任中国文学主任，并且坚持义务工作，不领北京大学的薪水。

蒋梦麟聘请了这三人后，便动身南下了。此次南下主要有两个任务，一是向当时的政府报告改革北京大学计划，二是为北京大学聘请新的教授。他先前往南京，恳请南京政府支持北京大学改革，之后又去拜访了蔡元培，向蔡元培讲述了自己的计划。蔡元培对他的计划完全赞成，并嘱咐他一定要努力去做。蔡元培的认同给蒋梦麟又打了一针强心剂。

有了一个崭新的，可靠的领导班子，接下来的任务便是扩充师资队伍。在与中基会合作后，北京大学的教授便不仅仅属于北京大学，很有可能同时属于中基会，若是教授的素质和学术都达到标准，便可获得中基会的合作研究特别款项。所以蒋梦麟下定决心，一定要聘请到足够优秀的学者来学校担任教授。

蒋梦麟知道，按照当时的社会状况，许多人才都已去了机关，想要扩充北京大学的师资力量，只得向机关要人。暂不说机关肯不肯放人，即使机关肯放，对方肯不肯离开又另当别论。北京大学虽然提高了教授的待遇，可是相比于机关里的待遇，还是远远不够的，所以许多人都舍不得放弃机关的优厚待遇，不愿与蒋梦麟离开。

另一方面，对于机关来说，失去了优秀的人才必然会降低机关本身的实力。而且，如果将南方的高等人才都请去北方，南方教育界必将面临人才枯竭的局面，这对于南方的教育发展也是非常不利的。

蒋梦麟思考后决定，先去聘请那些与南方机关合约将满者，对于合约未满者，暂不聘用。之后，他又利用自己的人际关系，对看中的教授进行了一系列劝说，最后将担任中央研究院地质所主任的李四光挖到了北京大学。蔡元培虽然任中央研究院院长，公务繁忙，却也同意借调北京大学，任职一年教授。

不久后，一群曾因各种原因离开北京大学的资深教授写信给蒋梦麟，表示如果北京大学能够彻底改革，恢复原貌，他们愿意回校，继续为北京大学作出贡献。这些资深教授的支持让蒋梦麟非常感动，他们的决定不但帮助他解决了困难，也让他看到了他们对北京大学的热爱。试想，有这样一群热爱事业，热爱学校的人协助，北京大学何愁不能发展。

在蒋梦麟的再三努力下，1931年8月5日，北京大学决定了第一批研究教授名单，聘请了汪敬熙为心理学教授，王守竞为物理学教授，曾昭抡为化学教授，冯祖荀为数学教授，许骥为生物学教授，丁文江和李四光为地质学教授，刘志易为法律学教授，赵乃抟为经济学教授，周作人和刘复为中国文学教授，陈受颐为历史学教授，徐志摩为外国文学教授，汤用彤为哲学教授。此批教授均属于合作研究特别款项聘请教授。

之后，蒋梦麟继聘了梁实秋和叶公超为外国文学教授，张颐为哲学教授，江泽涵、斯伯纳和奥斯谷为数学教授，萨本栋、朱物华和饶毓泰为物理学教授，谢家荣和葛利普为地质学教授，张景钺为生物学教授，张君绂为政治学教授，吴定良为统计学教授。其中斯伯纳、奥斯谷和葛利普都是外籍教授。

这些教授都经过了蒋梦麟的仔细考察，并确认他们着实能够增强北京大学的学术发展，加强对学生们的学术教育。为了扩充学校师资力量，蒋梦麟还不拘一格，聘请了一些学术突出的新人，比如对史学研究有扎实根底的吴晗，国学素养极高的钱穆等。接下来要做的，便是将原有不合格的教授辞退，再将这些新的教授——聘请到学校中。

　　蒋梦麟在整顿校风的过程中需要对旧人进行裁员时，他对胡适、周炳琳和刘树杞说："辞退旧人，我去做；选聘新人，你们去做。"随后，他给学校现有的教授们下了通知，告诉他们旧的合约到七月底失效，教授们不再享有在校工作超过两年便可无限期任职的权利。

　　蒋梦麟此举引起现有教授们的不满，一些人已经习惯了那种四处兼职，垄断教学的日子，蒋梦麟若与他们解除合约，不再聘用，对他们的生活必然有极大的影响。于是他们纷纷抗议，希望能够继续留下来，不被辞退。面对他们的抗议，蒋梦麟说，"对聘请教授亦取人才主义，不论私交，亦不顾与学校历史久暂，绝以其个人能否及肯否负责教授为转移。"

　　蒋梦麟此举无疑是在给自己设坎，可是他丝毫不介意，他想，只要能清理北京大学门户，并为北京大学聘请到有真才实学的教授，自己被人怨恨又有什么关系呢？"故今年对老教授之解聘者，亦所难免。余对北京大学教授，向责成各院长负责聘请，余不过问。"他就是要让学术自由的风气重新回到北京大学校园，让优秀的教授们带领学生们走上求学的道路。

　　经过改革，北京大学的教学队伍发生了巨大的变化，这次改革相当于给北京大学换了一次血，将已经没有了活力和温度，散发着臭味的旧血液清除，输入一批鲜活的，清新的，充满活力和温度的新的血液。北京大学的心脏又开始跳动，渐渐从一个形同枯槁的老人又变成了一个精神饱满的青年，浑身焕发着青春的气息。

　　新的北京大学采取"研究教授"和"专任教授"制度。研究教授每年聘任一次，必同时满足"对于所治学术有所贡献，见于著述为标准"，并"每周至少授课六小时，并担任学术研究及指导学生的研究工作，不得兼任校外教务或事务"的条件。此外，他们还需要在每年年终将自己的研究工作报告上交，经学校审核后方可续任下一年的研究教授一职。

专任教授需要严格遵守"不得在外兼职"一规定，一经发现有人在外兼职，将会将其由教授降职为讲师，同时降低薪酬。新入职的专任教授聘期一年，旧教授聘期两年，受聘期间，每位教授每周需要达到 12 学时的授课，不得擅自去其他学校授课。

为了振兴北京大学，蒋梦麟不惜一改一贯的温和，做了一次"恶人"，然而他这个"恶人"做得好，做得值，不但让北京大学得到了重振的机会，也让北京大学人对他更添了一些敬仰。一名学生曾在回忆时列举了当时校园中许多知名教授和他们擅长的领域，并称这些教授都是"中国全国的最高的权威"。

是的，对蒋梦麟这个"恶人"，北京大学的师生没有恨，而是爱。因为他们都知道，蒋校长是真心为了学校好，其心向善，不容怀疑。

3. 学制先行者

学术救国是蒋梦麟一直以来都坚持的理念，无论经历了多少事，他始终坚信，学术才是能够救国家于水火之中的根本。自从事教育事业以来，他一直提倡教职员工和学生们都要提高学术水平。在北京大学的日子里，他也力求将这一理念贯彻到底。

1917 年 10 月 15 日，北京大学决议进行学制改革，以美国大学的学制为模板，对本校学生实施选课制度。学生学满相应单位的课程即可毕业，不受固定年限的限制。选科制试行了两年，于 1919 年正式实行，之后便一直延续下来。

　　1932年12月，蒋梦麟公布了《国立北京大学学则》。在学则中，他对北京大学的学习制度进行了新的规定，将选科制改为学分制，学生们即使完成了相应的课时，也需要修满132学分才能够拿到毕业证书。新学制和现在的大学制度相似，学期四年，毕业前需完成相关专业的毕业论文，上交学校，论文不合格者不授予学士学位。

　　学生们有一定的积极性，也有一定的惰性，若是监管过严，容易生出逆反心理，若是无人监管，则很可能渐渐倦怠。为了调动学生们的积极性，让他们不会对学习感到枯燥乏味，同时保证教学质量，蒋梦麟煞费苦心。

　　蒋梦麟将学生的出勤率与学分挂钩，在校学生每学年需要按照规定上课，不可擅自缺席。教授和讲师会在课上点名，统计每位学生的出勤率，缺勤率小于三分之一者，按照比例扣除相应的分数，多于三分之一者，直接取消参加考试的资格。如果一名学生在校期间缺席次数过多，学校则有权让其留级或退学。

　　这种制度在如今的大部分大学中仍有应用。虽然无法完全避免学生偷梁换柱，找人代替出席或代点名，但在保证学生出席率上确实有一定的效果。

　　无论做什么事，打好基础都是最重要的。没有人能够建出一座空中楼阁，也没有人能够没学会走路便直接学会奔跑。学习也需要扎实的基础，只有学好基础知识，才能够对更高难的知识进行有效吸收和理解。

　　刚入校门的学生都很天真，有热情，却不定性，对于未来往往没有一个明确的规划。并且，他们的底子不一，有些人基础好一些，有些人基础差一些，无法站在同一起跑线上。蒋梦麟知道学生们的这一特点，于是他规定，一年级不分系，所有院系的学生都需要学习同样的必修课程和基础课程，二年级虽然分系，但仍注重基础知识的教学。等到三、四年级，学生们才可以进行高深研究。

根据专业的不同，理学院的新生都要学习第一外国语、微积分、普通物理和普通化学，文学院的新生则要学习基本英文、中国通史和西洋通史。此外，他们也需要对不同学科的基本知识有一定的了解，比如理科生要了解一定的文史知识，文科生也要了解一定的自然科学知识。

在具体课程安排方面，蒋梦麟采用"精纯主义"，即裁减不重要的科目，保留精髓的科目。学校不会给学生们强加许多无关痛痒的课程，或是对学生们主修专业毫无意义的课程，这样学生们就能够将有限的时间用在钻研真正有用的学术上，不被不必要的学科分散太多精力。

蒋梦麟对学生采取"宽进严出"的态度，仅有一科没能通过必修科目考试的学生可以参加补考，补考后仍不通过的学生则需要重修。如果一名学生有两科以上的必修科目考试都没有通过，或当年所修的学分不足应修学分的二分之一，就必须留级。若留级后重新参加考试，仍有两科以上考试不通过，学校则会给予退学处分。

至于选修课方面，学生们仍是自由的。自从蔡元培担任校长时起，北京大学就盛行着自由宽容的传统。蒋梦麟任校长后，早期提倡的自由选课方式得以延续下来。在不影响正常学习的情况下，学生们若是对主修科目之外的课程有兴趣，可以选修或直接前去旁听。教授们不会介意学生们旁听自己的课，也不会介意自己的学生去旁听其他教授的课。

北京大学的布告栏上贴有每学期的课程表，上面注明了每节课的上课时间，主讲教授以及上课地点。课程的丰富程度有时会让学生们感到眼花缭乱，不知选哪一个好。有些人在第一次看到这样的课程表时，感觉自己就像一个面对着丰富精美菜单的人，对每样美食都有兴趣，却没办法将它们一一品尝。

学校为三、四年级的学生开设了许多专业化程度较高的课程，让他们能够在学习中接受系统而完整的专业化训练。外文系的学生可以学习到英国文化研究、现代法国文艺等与专业相关课程，生物系的学生则可以学到遗传学、细胞学等，并且了解到相关领域最新的学术研究成果。

蒋梦麟聘请的教授都是当时国内学术界一流的人士，并且教授们所教授的课程都是根据他们个人所长而安排的，每一门课程都堪称经典课程，这就难怪学生们在选课时往往犹豫不决，难以取舍。幸好这些课程并不是只在某一学期开设，所以多数学生会采用分期选课的方式，这样便能够听尽喜欢的教授所讲的课了。

虽说学生们有选课的自由，但蒋梦麟还是提醒他们，在选课的时候注意不要贪多，而要精，"每学期不得选课过二十点钟"。在规定的时间内，若是选了太多的课，必然会分散花在主科上的精力。何况当时北京大学校园内各种学科百花齐放，可选择的课程太多，学生们若是没有一个根本的目标，每样都学，只会对每门知识都一知半解，无法精通。

自小受到西潮的影响，又亲身体验过西方的先进文化，蒋梦麟对西方文化情有独钟，并将对学生们灌输西方文化作为北京大学的教学特色之一。他曾公开表示自己主张直接向西方学习，并告诉学生们，外国的书籍中有珍贵的宝藏，希望学生们努力去发现。

想要更好地学习原汁原味的西方文化，提高外语技能非常重要。蒋梦麟早在决定改革时就说过，希望学生们加紧一二门外国语训练，要达到能够看懂外语原著，能读出外语书写的文章，并能够用外语书写文章的水平，以便更好地学习外国文化。

如今的许多中小学校为了提高学生的外语水平，采用双语教学，以便给学生营造出一个良好的外语环境。一些外国语大学或大学中的外语学院还会采用全外语教学，以提高学生的外语听说能力。学生每天一走进教室就必须讲外语，用外语与同学和老师交流，这种方式让他们得到了充分的锻炼。

其实早在几十年前，蒋梦麟便采用了这种教学方法。为了提高学生的外语水平，他从美国引进了一大批原版教科书，这些书都由英文书写，未经翻译，学生们想要看懂书上的内容，必须先提高自己的英语阅读能力。此外，他还要求教授和讲师们时常用外文授课或书写教案，以强迫学生们不断提高外文水平。蒋梦麟这种教育方法属于环境教育的一种。

除了在校内采用各种提高外文水平的教学方法，蒋梦麟也主张学生们出国进修、旅行或参观，与国外的文化进行近距离接触，加深对外国文化的了解。但他并不提倡学生们顾此失彼，因为过于重视外语而忽略中文，所以他规定，外文系的学生国文基础必须要好，同样，国文系的学生外文能力也一定要强。

新的学制对一些学生造成了压力，同时也成为他们的动力。新学制丰富了学生们的生活，给学生们提供了更多接触新事物的机会，也让他们有机会不断提高自己的个人素养和学术能力。这也是学生们感激蒋梦麟的原因之一。

蒋梦麟在北京大学实施的新学制让许多学生受益匪浅，在新的学制下，北京大学培育出一大批优秀人才，这些人才在日后成为国内各个领域中的佼佼者，在各自的岗位上发光发热，为祖国发展做出了卓越的贡献。

4. 一心助师生

在蒋梦麟的改革下，北京大学的教授过上了安定的生活，完全不需要对生活担忧，这也使得他们能够将更多的精力投入到工作和研究上。在学术方面，蒋梦麟从不干涉教授们的决定和教学安排；在生活方面，他也为教授们提供了自由安定的环境。每一位教授所居住的房子都干净明亮，教授们在休息的时候可以安静自在地待在家中，不会被喧嚣打扰。

为了表示对教授们的尊重，蒋梦麟在校内设立了专门的休息室，每系一间，并配有校役。教授们进行授课前后均可在此休息，校役会在他们休息时送上热毛巾和热茶，让教授们感到十足的安慰。不仅如此，他也从不要求教授们外出参加应酬。他知道，真正心系学术和教育的人是无心应酬的，过多的应酬只会影响他们的精神状态以及教学质量。

自从蒋梦麟给教授们提供了优越的生活环境和条件，提高了他们的收入之后，教授们的教学质量明显有了提高。由于不需要外出兼职，教授们将大部分的时间都留在了北京大学，或用心备课，或专心研究，或努力提高自身专业素质，或全力教学，或指导学生们做研究。学生们可以随时在学校找到教授，向他们请教学术上的问题，或请他们对自己进行指导，教授们也乐于帮助学生们。

1934 年年底，蒋梦麟恢复了教授休假研究规程，对于在校连续任教达 5 年的教授给予休假一年，专门从事研究工作的福利。假期结束后，若该教授继续在北京大学任教，则再满 6 年时可多获得 1 年的假期用于从事研究。在从事研究的假期内，学校会支付他们全薪，若需要前往其他省市或出国，学校还会资助他们一定金额的旅费。

除了教授，北京大学助教们的待遇也得到了改善。1934 年 7 月，蒋梦麟又做出了新的规定，在北京大学任助教五年及以上的人员，如果各方面表现均良好，可以得到学校的资助，出国留学。这是前所未有的优待。

北京大学的教员们拥有着朴素安定的生活，所以他们时刻保持着良好的心态和脾气，对学生们和颜悦色，耐心十足。他们会在学生遇到困难时给予关心，在学生经历不幸时表示同情，在学生感到失落时给予鼓励。他们温柔而体贴的话语让学生们感到温暖和贴心，也更加热爱这所学校，更加有勇气面对困难和不幸，更加有动力将学业坚持下去。

蒋梦麟并非只关注教职员工的生活，或仅仅对一些知名教授给予特殊待遇，他对全校师生一视同仁。无论教职员工还是学生，只要遇到困难，他都会努力解决。

在任何一个时期，经济问题都是最难以解决的问题。由于家境贫困等种种原因，1931 年 5 月，北京大学的学生会曾代表学生向学校提议，免交尚未缴纳的住宿费和体育费，从下学期起将学费和住宿费都减至每学期 5 元，并且取消缴纳体育费。蒋梦麟理解学生们的困难，但学校一时间确实无法负担起这样大的一笔开销，于是他与学生们进行协商，最后商定将学费减至每学期 10 元，同时取消住宿费。

1932 年 9 月，距离上一次交涉不过一年多的时间，北京大学的学生们又一次向学校提出了要求，这一次，他们要求学校免去他们的学费，因为学校中有近一半的学生实在无力缴纳学费。学生代表们直接找到蒋梦麟，希望蒋梦麟能够允许学生们先办理新学期的入学手续，等到他们凑齐学费后再缴纳。

面对学生们的此次申请，蒋梦麟没有同意。虽然他很理解学生们的难处，可此次希望缓交学费的学生达 350 名之多，对于当时的北京大学来说，这不是一个小数目，何况若是开了这个头，很可能会有越来越多的学生拒缴或缓缴，北京大学实在难以承担。

学生们见要求被拒绝，非常生气，他们将蒋梦麟堵在校长室内理论和声讨。无奈之下，蒋梦麟以辞职为要挟，称学生们再不退出校长室他就辞职，此时却有一些学生高喊"欢迎"，不但不肯退出校长室，还要求蒋梦麟说到做到，立刻签字走人。最后，学校不得不将闹事的学生开除，这场风波终于得以平息。

有些人或许会认为蒋梦麟不近人情，不够体谅学生，其实不然。蒋梦麟对学生的关爱从未停止，早在 1920 年，看到学生们的住宿条件非常恶劣时，他便下定决心，一定要改善学生们的生活环境，只可惜当时的经济条件和社会条件都不允许，令他心有余而力不足。

重回北京大学后，蒋梦麟又开始为了改善学生们的生活环境而努力。终于在 1934 年，北京大学成功在校内建了一幢四层钢骨水泥结构的学生宿舍。宿舍的位置在松公府东院的背面，远看如同一座兵营，虽然不豪华，但是很结实，也很有特点。

宿舍楼一共四层，每层有大约七八个房间，每个房间约 8 平方米，仅住一人，附带一个 2 平方米的壁室，用来放置学生的衣服等。宿舍楼还安装了热水室和弹簧锁，对于当时的学生们来说，这样的宿舍已经算得上相当优越了。这一切，都是蒋梦麟努力的结果，从选址到设计，从申请到审批，无一不渗入了蒋梦麟的心血。

只会读书的学生是书呆子，一旦走出校园，走入社会，就会遇到各种各样的问题，或无法与人正常交流，或无法适应外面的世界。为了丰富学生的课余生活和精神世界，蒋梦麟支持他们开展各种校园活动，成立各种学术团体。于是，诸如史学会、演说辩论会、国文学会、生物学会等学生团体如雨后春笋般出现在北京大学的校园里。

这些团体都是由热爱相关内容的学生们自发组成的，他们利用课余时间聚在一起，就大家共同感兴趣的话题进行讨论和研究，各抒己见。有时，他们会自发举行一些如辩论赛、演讲比赛等活动，这样的活动既能让他们感觉到快乐，又能让他们加深对相关知识的了解，还能让他们得到社会能力的锻炼，可谓一举多得。

蒋梦麟对学生们的自发行为感到很高兴，他一向支持兴趣教育，看到学生们能够同时兼顾兴趣和学习，同时锻炼学术和社交能力，他深感欣慰。但是同时，他也发现，学生们有些重文而不重武，所以身体素质才会相对较弱。

蒋梦麟能够意识到这一点，是因为他小时候有过类似的经历。在他进入南洋公学前，他也和大多数中国的小孩子一样，只知道读书，不重视体育运动和锻炼，所以体质相对较弱。进入南洋公学后，由于学校提倡综合教育，要求学生们不但学习要好，身体也要好，并鼓励学生们多运动，他便也开始适应起体育运动来。

严格遵守作息时间，并坚持锻炼三年后，蒋梦麟的身体状况和精神状况都变得越来越好，不但极少生病，而且心情愉悦，也是从那时起，他开始意识到身体健康对学业有着重要意义，只有拥有了健康的身体，才能提高学习效率。北京大学的学生让他想到了当时的自己，于是他决定，加强学生们对体育运动的重视。

为了帮助学生们提高锻炼的意识，蒋梦麟时常在演讲中呼吁学生们，要注重体育，加强锻炼，成为拥有健康身心，能够改良社会的人。1934年下半年，蒋梦麟将体育课定为学生们的必修课之一，以此提高学生们对体育的重视，增强学生们的体质。

为了方便学生们进行体育锻炼，蒋梦麟将学校的第三院大礼堂改为了临时的健身房。1936年10月，蒋梦麟在北京大学举办了全体师生体育大检阅。次年春季，他又在北京大学举办了第一届体育普及运动会。

对于北京大学的师生来说，蒋梦麟如同一位大家长，他时时关心着家中每一位成员，不但在生活上帮助他们，也在心理上帮助他们。他不但关注教授们的生活，也关注教授们的感受，不但关注学生们的学习，也关注学生们的身体健康。虽然有时，他付出的真心也会被人误解，甚至被误会，可是他所做的贡献摆在眼前，让人如何能不承认他是一位无私的好校长？

5. 改良图书馆

1898年，京师大学堂中建立起一座藏书楼，它是北京大学图书馆的前身，也是我国最早的现代新型图书馆之一。藏书楼又曾被称为四公主梳妆楼，位于马神庙校舍后院。楼内藏书相比于现在算不上很多，但在当时已经很齐全，不但有中国古籍，还有一些引进来的外文原版书。外文书籍一般都锁在柜子里，学生们需要借阅时要向管理员申请。

京师大学堂的第一批藏书收录于1898年，来自于原强学会和官书局的藏书。不幸的是，在庚子事变中，这些藏书被毁于一旦。1902年，同文馆并入京师大学堂，其藏书也归入了京师大学堂的书库，使得京师大学堂再次拥有了自己的书库。

两年后，巴陵方氏碧琳琅馆向京师大学堂捐赠了一批善本，又一次扩大了京师大学堂的图书储备。到了民国，陆续有热心人士和外籍友人向京师大学堂捐赠各种图书，大量的外文原版书就是由这些人捐赠而来的。

最早的藏书楼楼如其名，只有藏书室，没有阅览室，学生们若是发现需要的书，只能站在一边阅读，或将书借走，另寻阅读的地方，阅读完毕后再还到藏书楼。1914年，藏书楼开设了阅览室，阅览室里放了几张桌子和一些椅子，方便学生们阅读和做笔记。自从有了阅览室，有些学生便时常待在这里，大量阅读书籍。

1917年辛亥革命结束之后，藏书楼更名为北京大学图书馆，由李大钊任图书馆主任。1918年，蔡元培为建设图书馆努力筹备经费，最终在北京大学建了一座红楼，将图书馆搬进了红楼的一楼。之后的5年里，图书馆的藏书数量每年都有大幅度的增长，大约每年增加1万册。

五四运动前后，北京大学图书馆曾因其藏书种类和数量之多，成为全国最著名的大学图书馆，享誉一时。然而不出几年，北京大学图书馆再次发生图书流失的情况，大批珍贵图书流失惨重，让学生和教授们无不心痛。没人知道北京大学的图书究竟流失了多少，也没有人知道北京大学的图书馆里究竟还剩下多少图书。

一天，傅斯年路过厂甸，在街头的小摊上见到印有北京大学图书馆标识的图书，于是立刻买下。他将书拿在手中，心里既生气，又无奈。他到达北平将近两年，在这近两年的日子里，他极少逛小摊，也极少去专卖古书和古玩的东安市场，然而就在这样的情况下，他已经遇到过三次有人当街贩卖北京大学藏书的情况。

除了傅斯年，其他教授也都遇到过类似的情况。对于北京大学藏书出现在街头小摊的情况，傅斯年认为，这绝不是由一两个人造成的，也不是一时之间突然出现的，而是在近十余年内，北京大学藏书一直保管不当，一直无人负责，所以积累下的弊病。于是1931年3月初，他写信给蒋梦麟，希望蒋梦麟能够对此现象进行整顿，否则，北京大学的图书馆将不复存焉。

傅斯年认为藏书流失一事令北京大学蒙羞。他在信中说："希望先生主持的北京大学，不弹高调，不必去增加博物、扩充地盘，先费一下子心，把这个图书馆于最短期间改成北京大学教员的研究室、北京大学同学的读书室。否则北京大学永远不是一个学校，而是一个……栖留所。"

蒋梦麟读过傅斯年的信后，心有感触。看到傅斯年如此关心学校建设，如此关心学校藏书的安全，他非常感动，也非常激动，因为傅斯年指出的问题正是他自从代理校务时就一直关注的问题，只是当时由于经费严重不足，维持学校的运行已经很困难，关于图书馆建设的计划便只能搁浅了。

如今，情况不同了，有了来自中基会的经济上的支持，蒋梦麟决定，一定要重建一个新的图书馆，并充实书库，让北京大学图书馆成为一个包纳中西方经典文献和最新期刊的宝库，成为北京大学师生们充实头脑的殿堂。

建设北京大学图书馆成为蒋梦麟的重要任务。首先，他对校内管理图书的机构进行了整顿，将旧的图书部改为图书馆，并赋予馆长参加"校务会议"的权力。校内原有的图书馆委员会得以保留，如果在图书馆建设的过程中遇到什么问题，或在图书的管理方面遇到什么问题，将交由图书馆委员会处理。

其次，蒋梦麟将图书馆迁到了一处新址——原松公府的一所大宅院。院内种有参天的古槐，颇有古典氛围，一到夏天，茂密的枝叶遮挡了阳光，让整个院子都格外清凉。悠长的蝉声不时响起，给人一种身处空谷的感觉。

这处宅院面积很大，但由于之前主要用于居住，所以居室的分布和安排不够妥当。主房是一个四合院，蒋梦麟将主房的后院作为书库，用于存放各种文献，然后将报刊、中文书籍、外文书籍等阅览室分别安排在前院。与图书馆一同搬入松公府的还有研究所的国学门，主房两旁有附院，国学门的学生就住在附院里。

蒋梦麟将北京大学的藏书都搬过来，并不是因为他打算直接用这个四合院的前后院充当图书馆，而是他看中了松公府西院的空地，这里靠近北京大学西门，若是在这里建一座新的图书馆，师生们借书看书就会比较方便。他将图书暂存在四合院的前后院，为的是新图书馆建成后，可以立刻将书籍安置进图书馆里。

这些想法，蒋梦麟没有与太多人说过，更不会告诉学生们，所以一些学生对他产生了一些误解。1932年的时候，一位学生还曾因感到图书馆过于简陋而写信给蒋梦麟，希望学校能够尽快建一座比较正规的图书馆，以方便学生们使用。

正式建造图书馆之前，蒋梦麟进行了详细的计划，并做了许多准备工作，选址、筹备资金、找人设计……经过两年的准备，新的北京大学图书馆终于正式动工，并仅用了四个月便建造完成，投入使用。

新的北京大学图书馆造型独特，大气庄严，与美国国会图书馆不相上下。图书馆正面朝南，从外面看上去呈"立体式凸形"。最前面是两层楼房，每层都有2间东西相对的大型阅览室，上下加起来共 4 间，可同时容纳 500 人在里面进行阅读。阅览室的南墙和西墙都是巨大的玻璃窗，北墙没有玻璃窗，沿墙排列着一排书架，上面放有作为开架书的主要丛书和类书。

图书馆的两翼建了 24 间研究室，教授们可以利用课余时间在这里进行学术研究。图书馆后面的部分是一座书库，可容纳图书 30 万册之多。

为了加强对图书馆的管理，蒋梦麟亲自担任了图书馆长一职，并任命图书馆专家严文郁为主任。在蒋梦麟的严格管理和监督下，北京大学图书馆再无藏书流失的情况发生，又因他在新图书馆建成后，坚持以保证藏书质量为前提，大量扩充藏书的种类和数量，其图书数量一增再增。

仅用了近两年的时间，北京大学藏书的数量便升至 13 万 8 千余册中文书籍，5 万 5 千余册西文书籍，以及 4 千余册日文书籍。此外，还有 2 万 5 千余册的中外杂志可供学生们阅读，大大开阔了学生们的眼界。

新图书馆的建成为北京大学的学生们提供了很大的便利。学生们能在这里看到许多外面读不到的孤本、珍本和善本，还能够在这里读到来自各国的原文书籍，得到最新的信息，学到最新的知识。历史系教授孟森曾为学校购入一大批清内阁书库所藏明清史档案，让许多历史系的学生和教授们受益匪浅。

当时的北京大学仍然允许外人入校旁听，图书馆的阅览室也对所有人开放。即使不是北京大学的学生，甚至不是学生，也可以走进阅览室，随意阅读开架书上的书。书库里的书则要凭借书证才可进去阅读，或借出来拿到阅览室阅读。如果暂时读不完，无须先还回去第二天再借，而是可以直接将书放在自己在阅览室的座位上，下次来时继续看。

　　阅览室虽然全天开放，却从来不用担心安全问题，无论自己带来的书、开架书，还是从图书馆借出的书，放在阅览室里都从来不会丢失。或许正是因为北京大学给了学生们如此公开的环境，学生们才会更加珍惜这样的阅读机会，也更加珍惜图书资源。即使是校外人士，也被这种氛围所感染，不忍破坏。

　　蒋梦麟终于圆了他想要在北京大学建设一座图书馆的梦。在他的努力下，北京大学的图书馆得以迅速发展，进入了一个黄金时期。

6. 文理需平衡

　　学术救国一直是蒋梦麟所提倡的理念，办学以来，他一直将重点放在提高教授们的学术水平和提高学生们的学术上。学术分文理，蔡元培任校长时，对人文学科较为重视，以至于在北京大学时常会呈现一种重文轻理的现象。蒋梦麟并非否认蔡元培的观点，但他认为，只有增长科学知识，才有机会提高整体素质，解决衣食困难，进而为生民立命。于是担任校长后，他决定要加强北京大学在理科方面的教育，努力发展理学院，并提出了要注重自然科学的建议。

　　蒋梦麟会对自然科学的教学和研究予以极大关注，这与他自小的经历是分不开的。儿时的乡村生活让他热爱动手动脑，热爱大自然。长期接受西方教育的经历又让他对自然科学产生了特殊的感情。

　　在美国留学期间，他初次接触到杜威的实用主义，便深感这一主义之精妙。随着与杜威的接触越来越深，就教育问题的讨论越来越多，他就越发地感受到实用主义的好处，追随这门学问的心也越发地坚定。

在动荡的时局中，蒋梦麟凡事亲力亲为，从学校建设到校务管理，从教员生活到学生心理，没有一事不关心。面对内乱外寇，他不动摇，不慌乱，一心扑在学校建设上，维系着学校的发展和建设。他知道这很难，可他是校长，他若是不做，还有谁能做？

在北京大学的日子里，为了弥补过去这些年里，北京大学在理科教育方面的不足，蒋梦麟决定以提高自然科学教育水平为基础，渐渐提高北京大学学生在理科方面的实力。

为了让学生们有机会受到优质的高等理科教育，蒋梦麟在聘请教授时，着重挑选了一些当时国内知名的科学家、地质学家、植物学家、有机化学家等。当时的北京大学分为理学院、文学院和法学院三大院系，他为理学院聘请的教授人数是文学院的两倍，是法学院的四倍，从这一点上足以看出他对理科教育的重视和发展理科教育的决心。

师资力量是教学的软件，设备器械是教学的硬件。软件得到提高后，硬件也不能落后，否则学生们对理科知识的掌握就会只停留在书本上，成为一群只会纸上谈兵的理科秀才。理科重实践，一定要为他们提供一定的设备，让他们能够亲自进行实验研究，亲自操作那些仪器。蒋梦麟意识到了这一点，于是他从中基会提供的资金中抽出了一部分，用于购置理科仪器设备。

蒋梦麟接手北京大学之前，北京大学的理科系虽然也开设实验研究类的课程，可是环境都非常简陋，那些落后陈旧的仪器让学生们在进行实验研究时遇到了很多麻烦。为了改善学生们的实验环境，蒋梦麟不惜重金，先后为每个理科系配备了新的教室和仪器。北京大学当时的仪器设备量、标本储备量和药品及实习用具的储备量都是全国高校中最高的。

在所有系别里，物理系是蒋梦麟最为重视的一个系。他为该系聘请了全国著名的物理学家，又为该系建造多所实验室。实验室包括用于进行放射线实验的放射X光实验室、用于进行光学实验的光学实验室等，此外，还建立了研究室、机房和物理特备教室。

1934年6月，北京大学开始兴建地质馆，第二年，地质馆建成，立刻引起众人的注目。毕竟在当时，还没有哪所大学兴建过这样大规模且设备完善的地质馆。同年，中国地质学会选择在这里召开了年会。

化学系的实验室分为普通化学实验室、特殊化学实验室、化学研究室、食品储藏室等。特殊化学实验室分别按照实验内容配备相关仪器和设备。生物系根据实验对象种类的不同，建造了不同的实验室。

有了蒋梦麟的支持和推动，北京大学的理科研究发展日渐顺利。罗家伦在提及当时北京大学的情况时曾说："北京大学更有意识地向着近代式的大学方面走。"

自然科学方面，北京大学取得了许多令人骄傲的成果，李四光发表了许多关于地质学的著作，孙云铸等人在化石和古代生物的研究方面取得了一定的成绩，饶毓泰、王守竞等人一直致力于物理学研究，汪敬熙研究了大脑皮质的运动中枢和瞳孔伸缩之间的关系……

在发展理科的同时，他也没有放弃对文科的关注，为文科配备了阅览室和讲演室，让文科学生和理科学生都能有优良的学习场所。

1932年，北京大学研究院第一次进行招生，所招收的25名研究生分别跟随导师从事相应的学科研究，并且此批研究生大多是文科专业的研究生。

蒋梦麟在北京大学的那些年，北京大学教授刘复发表了数篇关于中国古音韵和方言的论文；胡适等人发起了织风谣研究会，编辑出版了《新国风丛书》等颇有影响力的作品；历史学者们对明清史料进行了整理、编辑和出版；考研室发掘了 5000 余种古器，并在西北考察的过程中发现了一万多件极具研究价值的汉简，为中国考古事业作出了巨大贡献。

教授专心教学和研究，学生专心学习和实验，在这样的氛围中，北京大学不断产生高水平的科研成果。从 1933 年到 1937 年，北京大学毕业生的数量一直保持着上升趋势。看到北京大学渐渐由学生运动的旋涡转变为学术中心，蒋梦麟的心中颇为欣慰，这是他一直以来最希望看到的景象。

蒋梦麟曾说，担任北京大学校长的那些年里，他一直把握着北京大学之舵，竭尽全力，只希望能够这学问之舟平稳渡过中日冲突中的惊涛骇浪。但他没有将北京大学的成就全部归于他自己的功劳，他说，许多朋友都给予了他很大的协助，其中胡适、丁文江和傅斯年的贡献尤其大。

蒋梦麟将胡适和傅斯年视为他的两位参谋，凡事都愿与他们二人商量，并在后期由他们二人代北京大学请了许多国内著名教授。他说，北京大学能够在北伐成功以后得以复兴，胡适和傅斯年两位的功劳实在太大了。

蒋梦麟就是这样，从来不邀功，不炫耀，他视自己所做的一切为义务所在，所以不计得失，不计回报。最能让他感到高兴的，不是获得了名声，不是收到了金钱，而是看到自己的努力确实产生了希望看到的结果。

胡适对蒋梦麟评价非常高，说他是"一个理想的校长，有魄力，有担当"，所以才能将北京大学从一所快要破败的大学发展成为全国学子都向往的高等学府。此话不假。想要将一所一团混乱的大学重新恢复到乱世之前，甚至将它变得更好，着实不是一件易事。何况，这所大学曾有过一段非常辉煌的时代。

对于每个人来说，世上最难以超越的其实是自己，特别是当自己已经竭尽全力去做一件事，并且取得了一定的成就之后，想要达到另一个高峰就显得更加困难。代理北京大学校长期间，蒋梦麟已经取得了很大的成就，若不是他遭到军阀的迫害，学校遭到军阀的扰乱，北京大学或许也不会出现那种混乱的局面。

离开北京大学前，蒋梦麟已经做得很好，他的努力得到了全校师生的肯定，也得到了社会上所有有识之士的肯定。再次回到北京大学时，蒋梦麟面对的不仅有重建北京大学的压力，同样也有超越自己的压力。但他没有想过，万一自己失败会如何。他心里想的，只有如何根据眼前的情况，将北京大学重新恢复到当初的辉煌。

北京大学又一次成为全国的学术中心，受到全国人民的瞩目，最大的功臣就是蒋梦麟。有人将这一时期的北京大学称为北京大学发展史上一个承前启后的时代，因为它在这段时间里从衰败走向兴盛，从混乱走向清净。

从代理校长到校长，蒋梦麟从未考虑过自己的身份和地位，也从未考虑过付出的心血和得到的利益是否成正比。在北京大学最混乱的时期，他没有放弃，没有退缩，没有害怕，勇敢地为了北京大学能有一个美好的未来而努力。他的这种精神，便是促使他成功的动力，也是促使北京大学发展的动力。

第八章　抗战岁月尽其能

1. 华北陷危机

蒋梦麟刚刚接手北京大学不过半年多，华北就开始面临一场不可避免的危机。

蒋梦麟说，中国自甲午战争后开始对日本产生崇拜之情，为了吸引日本的注意，它就像一位对心上人迷恋不已的小姐，努力装扮自己，只希望心上人能够对她多看一眼，进而爱上她。然而，她的心上人不但不欣赏她的努力，反而一直对她嗤之以鼻，投以冷笑。于是她退而求其次，想着至少能与对方做个朋友，可是令她想不到的是，对方在她意乱情迷之时掏出了匕首，用力地刺向她，差一点让她丧命。

突如其来的伤害让她震惊，随后渐渐从美好的幻想中醒悟。她终于明白，自己一直以来看到的道义、英俊和潇洒都只是伪装，在那张假面具下掩藏着的，是无比险恶的用心。于是，当日本反过来对她展开追求时，她没有半点兴奋，而是转身走开，因为她知道，对方追求她，为的只是得到她丰厚的嫁妆，将那些天然的资源占为己有，并不是因为对她的喜爱之心。

中国的拒绝和无视让日本心生杀意，它开始利用自己的一些优势和之前签过的条约，对中国谋财害命。首先，它提出在经济上开展"合作"，建立"东亚共荣圈"，并声称这样的合作对中国非常有好处。当中国相信并接受了它的提议之后，它便突然之间换了一张面孔。

"东亚共荣圈"就像一条闪着光华的项圈，初看上去，它好像很昂贵，很诱人，然而一旦将脖子伸入其中，最后将要迎接的就是光华的褪散和项圈的收缩。那收缩的项圈让人窒息，让人想要逃走，可是无论逃得多远，都无法逃出日本的控制，因为项圈的后面系着一条能够不断延长的绳子，而绳子的另一头就在日本的手里。

1931年9月18日夜里，日本关东军派人炸毁了由他们建立的，位于沈阳北郊的一段南满铁路，这是一条用于向关东军运送物资的铁路。事发之后，关东军诬陷此事是由中国军队所为，目的是对日本军队进行突击，他们一边谴责中国，一边以此为借口对沈阳发动突袭，进而迅速占领了沈阳。这次事件史称"九一八"事变。

第二天早上，正在北京大学校长室内办公的蒋梦麟接到电话，得知了这一消息，大为震惊。仅仅一夜的时间，沈阳这样一个大城市便被日军占领，这样的噩耗令任何一名爱国的中国人都感到痛心。然而更让他痛心的是，国军竟然为了避免冲突，命军队不要抵抗，全部撤出沈阳。这样的行为等于国民政府将沈阳拱手让给了日军。

中国人与日本人同是黄皮肤，黑发黑眼的亚洲人，单从外貌上去看，极难分辨，很多人都认为中日两国的人应该属于相同种族。蒋梦麟儿时也曾在一篇短文中表达过"中日同文同种"的观点，可是他的日文教师看过之后，不留情面地反驳了他的这一观点，并写下批注："不对，不对，中日两国并非同种，你的国将被列强瓜分，可怜，可怜！"

看过老师的批注，蒋梦麟心里很难过，当天晚上，他在被子里偷偷地哭了。他永远记得那时心中的痛，因为担忧国家前途而痛，也因日本老师对中国的这番评论而痛。而此时，他又一次想起了当时的情景，想起了那种难以言喻的痛楚。

"九一八"事变之后，日本关东军不断对东三省的各个城市进行侵略，不断有人伤亡，到处都是悲愤的哭泣声。日本关东军将东三省的粮食作为他们的军粮储备，用东三省的煤炭和铁矿制造袭击中国人民的武器，国民政府的不抵抗使东三省先后沦陷，从这时开始，中国的社会性质也发生了变化，东三省变成了日本的殖民地。

国民政府拒绝抵抗，只想依靠外援让日军停止侵略，于是他们向国际联盟发出请求，希望国际联盟能够出面制止日本的行为。美国国务卿史汀生接到求救后，希望英国能够与美国一起发出联合声明，抗议日本的暴行，然而英国代表拒绝了这项提议，史汀生只好作罢，建议中国与日本私下和解。

对于抢夺兴致高涨的强盗来说，和解自然是不可能的事。日本对中国的侵略没有停止，并且变本加厉。在国民政府一再的请求下，国际联盟于1931年12月10日同意派遣一支调查团，协助中国解决此事。

1932年1月，国际联盟成立了以英国的李顿爵士为首的"李顿调查团"，调查团里包含了美国、法国、德国等强国的代表，其任务是来到中国，对日本侵华一事以及中国形势进行调查，并将所获得的结果向国际联盟汇报。

李顿调查团在到达中国之前先去了日本，进行了为期 10 天的拜会和游览，之后才前往中国。到达中国后，他们先去了南京政府，之后又周游了芜湖、九江、汉口、重庆、宜昌、济南、天津等地，俨然一支旅行观光团。当他们到达沈阳时，东北三省已经完全成为日军的殖民地，伪满洲国也已经建成。

为了掩盖真相，关东军仔细清理了案发现场，调查团进行了一番考察后，于 1932 年 9 月 4 日完成了调查报告书，此时距离"九一八"事变发生已近一年。直到 1933 年 2 月 24 日，国际联盟大会才通过了接受《李顿调查团报告书》决议，表示对关东军建立的伪满洲国不予承认。这一决议令日本一怒之下退出国际联盟，决议也就成了一纸空文。

1933 年 2 月，蒋梦麟还曾与蔡元培等人联名致电国际联盟，要求对方迅速制止日军的侵略行为。同年 4 月，他还出席了在洛阳举办的"国难会议"，并两次拜访英国驻华公使蓝普森，希望英方能够出面协助，协调中日双方停战事宜。只是当时的外交部部长宣称只有他一人可以参与谈判，其他人一概不得干涉，于是此事没能成功。

在这期间，日本从未有一刻停止对中国的侵略。1932 年 1 月，蒋梦麟准备从上海返回北平时，发现整个上海火车站空无一人，非常荒凉。车站的警卫告诉他，上海已经停止了所有开往外面的火车，估计日军马上就要发动进攻，并劝他尽快离开，找地方避难。

为了安全起见，那一夜，蒋梦麟住进了位于租界内的旅馆。半夜时分，他在震耳欲聋的炮火声中醒来。他与其他住客一起走上旅馆的屋顶，看到车站附近火光冲天，虽然明知那些炮弹不会打到他们住的地方，可他还是心有不安。第二天一早，他看到几架日军轰炸机在轰炸商务印书馆，看着自己曾经工作过的地方一点点被大火吞噬，他的心里涌起说不出的难过。

傅斯年曾预言日本的侵略不会因占领了东三省而停止，恰恰相反，占领东三省会让他们得寸进尺，步步紧逼，同时将已经占领的城市变为日本的附属领地。之后，日本还会极力将热河也收入囊中，并将魔爪伸向北平。事实证明，他的预言是正确的。日军不但不断向国内各城市发动战争，同时还妄想从精神领域侵略中国。

为了办好学校，蒋梦麟回到北京大学后，一直尽量避免与日本侵华的浪潮发生正面冲突。他知道，一旦发生冲突，学校必然难以维持下去，学生们也将面临巨大的生命危险。所以，他努力发展学术教育，力求让学生们多关注学习，多读书，不要被外面的战争影响。

然而，日本却不断派出一些伪学者"拜访"北京大学。在他们眼中，北京大学虽然没有参与游行和示威，但这里一定是一个抗日的中心，于是他们每次前来，都打着学术交流的旗号，要求北京大学不要提倡反日运动，而是应该与他们缔结"友谊"，和他们搞好关系。

面对这些伪学者，蒋梦麟的态度十分明确，他告诉那些人，他从未看出中日之间存在任何文化关系，并且北京大学从来没有对日本表示完全的反对，只是反对日本军国主义，如果他们肯放弃武力侵略的野心，中日两国还有可能在文化上进行合作，但如果他们只一心想要中国灭亡，那么北京大学绝对不会接受。

这就是蒋梦麟的立场，作为教育人士，他无力拿起刀枪，走上战场，将侵略者赶出国土，但他拥有一颗坚定的爱国之心，在原则问题上，他绝不让步。正是由于他的谨慎，在中日关系日渐紧张的年代里，北京大学才能够保持最高的科研水平和学术水平。

2. 再度起风潮

自从国民政府迁至南京以来，北京大学的学生运动平息了许多。在蒋梦麟的主张和领导下，学生们将更多的精力投入到学术研究上。然而当日军迅速向长城推进的时候，北平的学生们再也坐不住了。特别是不时听到从南京传来的消息后，他们决定参与这次救国运动，前往南京进行支援。

国民政府逆来顺受的态度已经激起了民愤，1931 年 9 月 20 日，北京大学学生发出抗日救亡通电，"为今日计，唯有速息内战，一致抗日"。看到国民政府对日本的侵略坐视不管，一再忍让，甚至主动将枪械和营房让给入侵的关东军，北京大学一些激进的学生决定脱离北京大学学生会，单独组织一个"非常学生会"，带领全校学生去南京向国民政府示威。

南京国民政府在得知北京大学全体学生要南下示威之后，立刻给蒋梦麟发出电报，希望他能以校长的职权阻止学生们的运动，然而蒋梦麟这一次并没有阻止学生们。

蒋梦麟想，政治领域的事还是应该交给政治领域的人处理，所以他一直不赞成学生们参加政治活动，而这一次，他知道，阻止不但没有用，反而会增加学生们的反抗情绪。他亲眼看到学生们对制止他们南下的政府产生多么大的反抗心理和怨恨心理，他只希望学生们在这次活动之后能够将心收回来，安安心心地回来上课。

在北京大学学生岳增瑜、王俊奎等人的鼓动和带领下，300余名北京大学学生组成了"北京大学学生南下示威团"。1931年12月1日下午3时，这群学生在总指挥岳增瑜的带领下，浩浩荡荡前往东火车站，准备乘火车南下。然而在火车站，他们遭到了站长和军警的阻挡。

站长告诉学生们，南京政府已经下令，不许他们前往南京，他身为政府任命的站长，必须听从政府的命令，不能为他们开车。担心学生们会暴乱，站长还请来了军警，对学生们进行阻拦。遭到军警阻挡的学生们更加愤怒，站长不许他们上车，他们便跳下站台，一个接一个躺在铁轨上。如此一来，所有的火车都没办法正常运行了。

学生们和军警们就这样僵持了三四个小时，看到态度坚决的学生们，军警们也有些动摇了。最后，站长和军警们都不得不妥协，同意学生们登上火车，前往南京。到达南京后的第二天，学生们便开始南下示威。一路上，他们不断发表演说，呼吁民众奋起抗日。

当学生们到达南京下关时，国民政府的高层开始恐慌了，他们找借口将学生们带到了中央大学体育馆，提出应该更改团体的名称，并以"会给民众留下不良印象"为理由，将学生们拟好的"告民众书"没收。学生们留下了"告民众书"，却不肯更改团体名称，他们说，此次南下是示威而非请愿，所以名称不能改。

北京大学学生们在南京发放传单，大呼口号，张贴标语的行为让国民政府无法容忍，于是让卫戍司令部于12月5日对学生们发出警告，若再进行此类行动，必将制裁。学生们不听，于是政府出动了军警，对学生们进行了镇压。在这次镇压中，185名学生被抓进了警卫团营部，遭到了关押。迫于社会压力，政府于

12 月 6 日将抓捕的学生强行遣送回了北平。

蒋梦麟没想到，这场示威并没有让学生们的怒气得以平息，反而让他们的兴致更加高涨。在非常学生会的鼓动下，他们还创办了《北京大学新闻》，将北京大学学生参加爱国运动的过程和细节发表在刊物上。看着自己好不容易建成的学术基地面临着再次被打乱的局面，蒋梦麟有些失望，有些气愤，他想到了辞职。

在一些人眼中，辞职代表着退缩和懦弱，可是蒋梦麟此时真的想不到其他办法了。当时，他就任北京大学校长刚满一年，原本计划着用四五年的时间将北京大学办好，可是刚刚制订完第一年的计划，实施了还不到三个月，就已经被破坏成这样。"现在简直今天计划不了明天，还有什么希望呢？学生的跋扈——背了爱国招牌更厉害了——真使人难受。好好的一个人，为什么要听群众无理的命令呢？""我说办学如养土匪兵一样，不如不办。"

在写给胡适和傅斯年的信中，蒋梦麟说，他非常感谢他们二人自他当校长以来给予他的支持和帮助，然而自己当了太久的校长，已经累了，打算休息一年半载，他已经买好了去上海的火车票，即刻起程，没能事先通知他们，深感抱歉。

得知蒋梦麟辞职的消息，北京大学的师生都心感不安。自从蒋梦麟就任北京大学校长后，他们都清楚地看到北京大学在一天天变好。蒋梦麟是他们的希望，是北京大学的希望，如果此时他离开北京大学，北京大学就会再一次失去支撑，失去精神支柱，不仅他之前在北京大学所付出的努力都白费了，而且北京大学的未来很可能也就没有了。

北京大学不能没有蒋梦麟，为了留住他，师生们纷纷向教育部去电，希望由教育部出面挽留他。学校还派了教师代表前去追赶已经离开的蒋梦麟，希望能够将他劝回北京大学。蒋梦麟的离去让北京大学一些学生意识到，这一切都是非常学生会的责任，是他们过于激进，一直在鼓动学生，才使北京大学抗日运动一发不可收拾，于是对非常学生会进行了谴责，非常学生会也被迫解散。

为表诚意，一些学生成立了复课委员会，努力劝说同学们回去上课。教师们的挽留和学生们的诚意打动了蒋梦麟，于是他同意回到北京大学，继续中兴北京大学的计划。回到北京大学之后，校园中的氛围有所改变，学生们恢复了以往的平静，又开始将心思放在学习上，蒋梦麟也深感欣慰，没想到四年之后，学校中又一次出现了罢课现象，而且比 1931 年那次更加严重。

1935 年 12 月 9 日，"一二·九"运动爆发，全国各地的学生都开始向南京政府抗议，北京大学学生也参与其中。"一二·九"运动后，学生们罢课现象越来越严重，为了让学生们回到课堂，蒋梦麟召集了清华、燕京、北平等大学的校长，与他们一起商议解决的办法。

1935 年 12 月 14 日，蒋梦麟与国内五所知名大学的校长联名发表《告同学书》，希望同学们"应即日恢复上课，勿别生枝节，虚掷光阴"。可这份《告同学书》并没有起到什么作用，学生们仍不肯回到课堂，还参加了全市学生爱国游行总示威。

12 月 20 日，蒋梦麟与清华校长梅贻琦等人再次召开会议，发表了《第二次告同学书》，并确定了所有学校同时复课的时间。复课日当天，蒋梦麟和胡适分别站在两个学院的院门口，看到学生便招呼他们入校上课。见无人响应，他们二人不得不伸手去拉学生们，可是学生们仍然非常固执，不肯踏入校园一步。

原定于 1 月 4 日复课的计划拖了整整一个月后，学生们终于同意回到学校上课了。随后，南京政府一个愚蠢的命令又一次激怒了学生。

南京政府下令，每所大学需要派 1 至 3 名学生代表前去南京，聆听政府对不抗日一事的解释，他们以为这样就能让学生们了解政府的"苦衷"，不再与政府作对，却不知这种作为反而会让学生们更反感。为了阻止蒋梦麟选出的学生代表们南下，学生会将学生代表们的行李乱扔一气，并继续拒绝复课。

蒋梦麟向同学们声明，一切都是他的责任，希望同学们不要迁怒于学生代表们，先复课，再商议其他，学生们拒绝。之后，学生与政府的冲突越来越严重，情形也越来越不受控制。蒋梦麟只得不断忙于制止学生运动和保释学生。

2 月末，宪警突然闯入北京大学，抓捕了 200 余名学生。一名学生受伤严重，在医院中不治身亡。北京大学学生决定在追悼会后抬棺游行，蒋梦麟前去劝阻，未成，9 名学生被捕。蒋梦麟非常气愤学生们无视他的规定，开除了发起这场运动的 4 名带头学生，并禁止学生会再进行任何活动。

5 月 31 日，北京大学学生响应清华学生会发起的停课和游行，28 名学生被捕，后在蒋梦麟的求情下得以释放。

在这样的形势下，想要复课难上加难，期末考试和毕业考试在即，难道就这样让学生们将大好的学业彻底荒废？蒋梦麟想，不可以，绝对不可以！于是他下了一个破釜沉舟的决定，不参加考试的学生不许补考，直接留级一年，参加纠察队的学生直接开除，若是人数过多，不得不因此停办北京大学，他也在所不惜。在蒋梦麟的强硬态度下，北京大学的学生按时参加了考试。

华北之大，已安放不下一张平静的书桌。日军入侵绥远地区时，北京大学学生欲再次罢课，支援前线，蒋梦麟劝学生们要以"沉毅之气作前方将士后援"。在军方表示确实不需要学生服务时，学生们才取消了罢课的决定。

蒋梦麟极力制止学生参加反政府的活动，归根结底为的只是保护校园的纯净，学术的发展，以及学生们的安全，并不是反对抗日爱国行为本身。他深知与当时的政府作对会有怎样惨重的后果，所以才一直希望学生们多注重学术，不要与政府发生正面冲突，引起不必要的麻烦和牺牲。只可惜学生们对他的苦心并不理解，还有人认为他与政府勾结，为了保护政府才对他们进行制止。所幸的是，最后学生运动还是平息了下来。

3. 爱国情未淡

1933年5月31日，国民政府与日本签订了《塘沽协定》，同意将军队撤退到延庆、昌平、高丽营、顺义、通州、香河、宝坻、林亭口、宁河、芦台所连之线以西、以南地区，并永不越界。这份协定从一定程度上承认了日本伪满洲国的"国界"，并使华北在一定程度上丧失了主权。

协定签订之前，蒋梦麟在北平协和医院进行了盲肠手术。由于住院，所以对外界的形势了解不多。直到一天清早，蒋梦麟听到有日本飞机在上空盘旋，感到不对，于是向主治医生申请出院一趟。走出医院，蒋梦麟直接前往了何应钦的住所，何应钦看到他时非常吃惊，问他怎么还没有离开北平，并告诉他，日军马上就要对北平发动进攻。

蒋梦麟回去后便立刻收拾行李，打算第二天就离开，没想到第二天一早，何应钦却打电话告诉他，日军已经同意停战，他可以不走了。蒋梦麟以为事情暂时告一段落，还立刻给好友胡适打了电话，通知对方停战的消息，完全没有想到一两个月之后，他竟然会被请进东交民巷的日本兵营。

原来，一些北京大学教授听到了传言，日军将在河北和北平分别建立"自治政府"，并且已经得到了河北宋哲元将军的同意。事实上，当时宋哲元并未同意建立"自治政府"。这些教授未经分辨和证实，便立刻发表了反对华北自治的宣言，声称誓死也要反对这一行为。

日军认为，蒋梦麟身为北京大学校长，此事与他一定脱不了干系，于是便以了解具体情况为由，请他去兵营谈话，并且要求他一人前去。面对日本宪兵，蒋梦麟表现得很平静，并答应一小时之后会只身前去。可是他的朋友们得知此事后，却无法像他一样淡定。日军的残暴和狡猾是众所周知的，朋友们都担心蒋梦麟此行会遭遇不测，纷纷劝他不要去。可蒋梦麟还是去了。

进入兵营后，蒋梦麟在宪兵的带领下来到河边将军的办公室。他一走进去，身后的门就被锁上了。河边将军并不在办公室里，等待他的是一名日本大佐。大佐客气地请蒋梦麟坐下，蒋梦麟却用余光看到，就在他坐下时，有一名站在门口的士官拔出了手枪，一副随时待命的架势。

大佐递给蒋梦麟一支香烟，问他为什么要进行大规模的反日宣传，以及是否在反对自治运动的宣言上签过字。蒋梦麟平静地接过香烟，并承认自己确实曾在宣言上签过字，但那只有关于学校的内政，无关于反日运动，至于进行反日宣传，则是不存在的事情。

日本大佐称蒋梦麟写过一本攻击日本的书，蒋梦麟听完立刻否认了此事，并让大佐把这本书拿出来给他看看。大佐手中当然是没有这本书的，他这样说不过是为了试探蒋梦麟，蒋梦麟自然也知道对方手中没有证据，所以自始至终，他都非常平静。

日本大佐见蒋梦麟态度坦然，便问他是否是日本的朋友。蒋梦麟说，这话不一定对，他是日本人民的朋友，但是也是日本军国主义的敌人，就像他是中国军国主义的敌人一样。言外之意是，他并非对某一国家的人有反感或敌对的心理，他反对的只是军国主义而已。

日本大佐对蒋梦麟说，关东军对此事有些误会，希望蒋梦麟能够去大连，向他们的坂垣将军仔细说明此事，以解除误会。正说着，电话铃声响起，大佐接完电话后告诉蒋梦麟，专车已经准备好了，只要蒋梦麟同意，当天晚上立刻就可以启程。很明显，早在蒋梦麟到来之前，日军就已经将一切都安排好了。

聪慧如蒋梦麟，自然明白日军的企图，即使他们对他确实没有杀心，但是他一旦同意他们的要求，之后的一切便都在他们的掌控之中。他很可能会被他们控制，接下来会发生什么事情都不好说。所以，蒋梦麟拒绝了大佐的提议。

大佐说，蒋梦麟可以不用害怕，他们会派宪兵队随行，以保蒋梦麟的安全。蒋梦麟知道，大佐这样说，只是在向他展示他们的兵力，所谓的保护，不过是变相的看守和绑架。于是他对大佐说，他并不怕，否则就不会只身来到兵营，如今，他已在他们的掌握之中，如果他们硬要强迫他去，他自然没办法反抗，不过那样一来，东京乃至全世界都会知道日本军队绑架了北京大学的校长，日本军队就会成为全世界的笑柄了。

蒋梦麟不卑不亢的态度让大佐感到很难办，他以为蒋梦麟是因为害怕所以不肯去，于是再次劝说蒋梦麟不要害怕。没想到蒋梦麟竟然平静地对他说："怕吗？不，不。中国圣人说过，要我们临难毋苟免，我相信你也一定知道这句话。你是相信武士道的，武士道绝不会损害一个毫无能力的人。"蒋梦麟说完，吸了一口大佐之前递给他的烟，轻轻地吐出一口烟雾。

面对一个看上去文弱不堪，却能在危险面前如此从容淡定的人，大佐完全没了办法。就在此时，电话铃声又响了起来。大佐拿起电话，毕恭毕敬地聆听着那一端的指示，显而易见，电话的那一端就是他们的司令，办公室里发生的一切，一直在被司令监控着。

放下电话，大佐对蒋梦麟说，司令已经允许他离开，同时也随时欢迎他去大连。说完，客气地为他拿过大衣，帮他穿好。锁着的门打开了，大佐陪蒋梦麟走到汽车边，帮他打开车门，目送他上了车。不明真相的人看到这一幕，一定会以为蒋梦麟与日本大佐二人关系非常密切，可事实刚好相反。

蒋梦麟回到了家中，等在他家中的朋友们看到他平安回来，悬着的心终于落了下来。第二天下午，宋哲元将军派人来劝蒋梦麟离开北平，因为他担心日军会伤害蒋梦麟，而他又无力保护这位好友，万一蒋梦麟真的遇到不测，他必然会非常自责和内疚。蒋梦麟理解好友的担心，也对此表示感谢，但是他拒绝离开北平，他说，要继续留在这里尽他的责任。

蒋梦麟留了下来，日军竟然也没有继续找他的麻烦。相反的，他们的将军松室孝良在确定北京大学确实无意发起反日运动之后，对蒋梦麟采取了怀柔政策，不时前来拜访蒋梦麟，与他保持友好的关系，并试图将北京大学的教授变成亲日派。

松室孝良时常去蒋梦麟的家中拜访，他听说了蒋梦麟在东巷兵营中的经历后非常愤怒，大骂那位将军的无理。松室孝良离开北平后，前来拜访蒋梦麟的人变成了今井将军。对于日方派来的这些代表，蒋梦麟一直很友好，并且与他们私下里相处得也比较融洽。在不涉及政治问题和立场问题的前提下，蒋梦麟都会将他们当作很好的朋友。

松室孝良离开时，曾向蒋梦麟辞行，蒋梦麟也曾对他说，希望与他永远都是朋友。对此蒋梦麟从未否认过，他大方地在自传中提道："大概半年光景，我们私人之间一直保持非常友好的关系。""战事结束若干年后，我经过东京偕内子陶曾毅往访，相对话旧，不禁感慨系之。"正应了蒋梦麟最初在东巷民营中所言，他并非对日本人有敌意，只是不赞成军国主义而已。

无论私交如何，涉及原则问题时，蒋梦麟都会明确表态。一次，日本的田代将军在北平设宴款待中日双方的文武要员，蒋梦麟也被邀请在席。席间，关于田代鼓吹的中日经济合作，蒋梦麟未发一言，只是偶尔与人谈笑些不相关的闲散话题。谁知，过了一段时间，日本大使馆竟然暗示外交部，称北京大学校长对中日合作表示支持。

蒋梦麟说，这就是日本人对付中国人的手段。为了争取到国内知名人士的支持，日本人用了各种手段，甜言蜜语，挑拨阴谋，威胁恫吓，闪电攻击，无所不用。然而无论他们用什么方法，他们都没能争取到蒋梦麟对他们的支持。蒋梦麟的立场是坚定的，无论糖衣炮弹或是尖利的刺刀，都不能改变他对祖国的热爱和忠诚。

4. 辗转护果实

残酷的战争总会将人从天堂拉向地狱。1937年年初，北平开始不断遭受战火的侵袭。7月7日，卢沟桥事变爆发，北平再无安宁日。战争爆发时，蒋梦麟因公人在庐山，所以得知消息时，已经是事发的第二天了。

　　那本是个宁静而美好的午后，蒋梦麟吃过午饭，躺在床上一边眺望窗外的大树，一边聆听着知了的唱和，随后，一阵急促的敲门声打碎了他的这份惬意。他一打开门，中央日报的程社长就冲进屋子，告诉他，日军对卢沟桥发起了攻击。他急切地想知道更多消息，可是程社长对此事也知之甚少。

　　蒋梦麟对北平的日军司令官有过些许了解，所以他想，这次的事变应该只是地方性事件。不过他也知道，日本虽然无法立刻鲸吞中国，却一直没有放弃过蚕食中国的计划，这次攻击说明他们已经进窥了华北，并在数年内巩固了在华北的势力，不久之后，他们或许会用同样的方式对待中国的其他地区。

　　战争又持续了一段时间，北平的处境越来越困难，安全起见，北平的北京大学、清华大学和天津的南开大学开始计划迁校，在长沙成立一所临时大学。8月8日，教育部颁布了《设立临时大学计划纲要（草案）》，并将长沙定为临时大学第一区所在地。随后，教育部在南京设立了临时大学筹备委员会，蒋梦麟被任命为筹备委员之一。

　　数天后，蒋梦麟与几位朋友飞到南京，打算坐火车回北平，可是北上的火车全部停运了。之后的两个星期里，北平的守卫节节败退，日军逐渐控制了北平。蒋梦麟非常担心北平会像之前的东北一样，沦陷为日本的殖民地，进而成为日军进攻南方的基地，那段日子里，他每天寝食难安，时刻关注着北平的情况。

　　8月中旬，蒋梦麟接到一通电话，电话里阵阵轰鸣，他以为是在打雷，对方却告诉他，那不是打雷，是日军在轰炸机场。第二天，日军对南京也展开了轰炸。

　　战事开始后，南京的难民们不断向杭州涌去，令杭州一下子变得拥挤起来。到处住满了人，就连那些衣着时髦的富家小姐们此时也不再计较环境，挤进了小茅屋。蒋梦麟很惊讶她们竟然能在茅屋里谈笑自如，他想，这也算是中国人的本领了，无论身处多大的危难，仍然能够泰然自若，他的一位朋友居然还打算在杭州建一栋房子，定居于此。

8月末，蒋梦麟被教育部指派为临时大学筹委会常务委员，与张伯苓和梅贻琦一同负责临时大学的筹备工作。此时，在南京的胡适也打电话给蒋梦麟，要求蒋梦麟回到南京，与他一起商量关于北京大学迁校的具体事宜。蒋梦麟考虑再三，勉强同意，并借了一辆轿车，一路开回了南京。

回到南京后，蒋梦麟回到家中，在父亲的身边陪伴了几日便再度离开前往汉口。父亲见到他非常开心，他却忧心忡忡，担心这次再与父亲别离，便没了重逢之日。对于一位古稀之年的老人，战争确实太过折磨人了，即便不直接被战争所伤害，受到的间接伤害也不小。

在汉口，蒋梦麟见到了大批装有政府档案、书籍和古物的木箱，这些木箱都是从北平运送至此的。在前往长沙的途中，蒋梦麟还看到了许多坐满了士兵的敞篷车，士兵们个个斗志激昂，当蒋梦麟问他们前往何处时，他们异口同声地说，他们要去打日本鬼子。

一段颠簸之后，蒋梦麟到达了长沙。于他而言，长沙算不得一个让人舒服的城市，因为这里远离海岸。自小的生活环境让蒋梦麟特别喜欢靠近海岸的城市，在美国留学期间，他先后居住的两个城市也都是沿海城市。他说，离海过远会让他觉得身心都不舒畅，心目中的空间也会被坚实的土地所充塞。不过，这样的年代里，他已经没有太多时间和心思去考虑环境问题。在长沙，有太多事情需要他处理。

　　蒋梦麟在应邀创办临时大学时很犹豫，是因为他早已料到这件事的复杂性。北京大学、清华和南开三所大学都是历史悠久的大学，各有各的传统和特点，并且拥有思想各异的教授。如何能让这三所大学共同发展，如何能让不同学校的教授之间和睦相处，如何管理不同学校的学生，这些都是需要考虑的问题。

　　在战乱中主持大学校务本就是件令人劳心劳神的事情，同时处理三所大学的校务更是难上加难。蒋梦麟虽然能力出众，思维缜密，却也只是个普通人，既要担心战局，又要担心身陷战区和沦陷区中的亲友，他的精神压力已经非常大，如今还要思考如何管理三所大学，他不由得倍感吃力。

　　蒋梦麟到达长沙时，清华大学的梅贻琦校长已经在那里等候着他。一番商量后，他们将临时大学的校址定在圣经学校、德涵女校旧址和四十九标营房。由于市内的地方不够，他们又在南岳衡山选了一处地方，将文学院搬到了那里，称之为临时大学南岳分校。

　　国内运输不便，战事频发，他们便在香港购置了书籍和实验仪器。不出两个月，临时大学成立，三所学校的学生也通过各种途径，陆续来到了长沙。临时学校在院系方面进行了重组，设文学院、理学院、法商学院和工学院四个学院，共 17 个系。三所大学的学生们需要根据各自原有的专业，重新归入新的院系。

　　抗战期间条件艰苦，这一原因直接导致临时大学运行得非常艰难，经费的困难仍然是最主要的困难。值得蒋梦麟欣慰的是，"虽然设备简陋，学校大致还差强人意，师生精神极佳，图书馆图书虽然有限，阅览室却经常座无虚席"。

　　蒋梦麟说，湖南人性子急，"很爽直，也很真挚，但是脾气固执"。日军来犯时，不仅军人们奋力抗敌，当地的百姓也不怕牺牲，奋起支援，所以日军三次来犯却每次都大败而归。然而，随着日军攻入了上海，包围了南京，成千上万的人涌入长沙，长沙也不再安宁了。

日军逼入南昌之后，长沙便整日面临着破城的危险。蒋梦麟想，这里已经不再安全了，必须要为临时大学尽快另寻一处安置之处。1937 年 12 月 24 日，临时大学召开第 36 次常委会，并在会上决定由蒋梦麟与政府接洽，商量临时大学迁移的相关事宜。

蒋梦麟乘飞机前往汉口，拜见了教育部长，并询问教育部长对迁校一事的看法。他提议将联大迁往昆明，其理由是昆明可经滇越铁路与海运衔接。教育部长建议他直接将此事上报给更高一层。最后，蒋梦麟的提议得到了政府高层的赞同，临时大学迁址一事正式被提上日程。

正月里是新年，家家户户庆团圆。然而 1938 年的正月，蒋梦麟却没有感受到一点过年的气息，因为整个正月里，他都一直在忙于学校迁址前的准备工作。农历二月时，书籍和科学仪器已经清点完毕并装箱，用来运送物品的卡车和汽油也已准备好，接下来的工作，就是将这些东西从长沙运往昆明。

学校的教职员工和学生需要在 3 月 15 日之前到达昆明的校址。为了主持学校迁址后的事宜，蒋梦麟没有和其他师生一起动身，而是提前去了昆明。

1938 年 2 月中旬，临时大学的全校师生开始向昆明进发。由于人数太多，他们只能分批行动，本部、女生和年老体弱的师生为一批，约 800 人，这批人先乘火车，后乘轮船，再转海防，最后从海防折入昆明。

闻一多等教师带领着一群体力较好的师生为一批，约 300 人，这批人则完全是靠步行前往昆明的。他们一路经过了湘、黔、滇三省，3500公里的路程，全体师生整整走了两个月零四天，被后人称为"文人长征"。4月28日，蒋梦麟和梅贻琦等人为闻一多带领的师生们举行了入城式。那一天，他站在昆明东城门外，看着那群风尘仆仆的"壮士"们，深深被他们的毅力感动了。

科学研究表明，精神压力是患胃肠病的根源之一。从南京到长沙，从长沙到昆明，蒋梦麟体验了一生中最艰难的任务，也承受了极大的压力。从一所学校的迁址，到三所学校的重组和管理，他付出了太多心血和精力，身体也饱受摧残。他的胃病复发，身体上和精神上的双重折磨让他感到非常痛苦，甚至无法安稳地休息。

在这样的生活中，蒋梦麟仍然坚持了下来。他在两次迁址中看到了师生们对教育的热爱和不放弃学习的决心，这份感动支持着他将接下去的路走完。即使身体不适，他也努力打起精神，负责起学校的重重事务，保护这所临时大学。

5. 建西南联大

长途跋涉，一身风尘。临时大学的师生们拖着疲倦的身体，终于到达了他们最终的目的地昆明。看到亲自站在门口迎接他们的几位校长，他们长长地舒了一口气。学校已经准备就绪，他们在宿舍里休息了一段时间，便重新投入到了正常的教学生活中。

长沙的临时大学搬到昆明后，在教育部的指示下，更名为国立西南联合大学，简称西南联大。蒋梦麟身兼多职，积极参与西南联大的筹建和发展，同时负责内外协调，筹集经费等工作。就连校舍的建立他都亲力亲为，令人佩服。

在当时，国内除了西南联大，还有一所西北联大，这两所联合大学都是由政府下令，成立在后方的大学。西北联大成立在西安，包含从北平迁过去的两个国立大学和两个独立学院。可是这几所大学时常发生内部矛盾，蒋梦麟说，他们就像三个人穿两条裤子一样，牵扯，谁也走不动。

后来，西北联大也经历了迁移，从西安转到汉中，只是在迁移之后，校舍过于分散，再加上原有的矛盾，所以在管理上，一些原有的各单位渐渐又恢复了以前的传统。西南联大中并非一点矛盾都没有，但是每当有矛盾产生，蒋梦麟都会从中努力协调，所以最后没有出现大问题。

毛子水曾说，西南联大内能够呈现出一派和睦的气象，清华和南开的校长都是谦谦君子固然是一个原因，但若没有蒋梦麟那样"善与人同"的胸怀，西南联大可能也不会有那么好的名誉。

蒋梦麟个性儒雅，喜好平淡，不喜争执，让人难以对他有暴躁情绪，而且他讲话一向温文尔雅，慢条斯理，总能三两句话将人劝得心服口服。所以，每次只要他出面，矛盾就会自然而然地化解。

曾在西南联大任教授的钱穆回忆说，有一次，蒋梦麟去蒙自分校查看情况，许多教授在当晚的欢迎会上提出联大办事不公，一些教授还在会上提出了希望解散西南联大，重新回到三所学校各自掌权的局面。钱穆为了平息大家的争执，便说等到战争胜利后，三所学校自然会重新独立，要是在如今这种时候谈独立，不知道"梦麟校长返重庆将从何发言"。

面对台下乱哄哄的场面，蒋梦麟只说了一句"今夕钱先生一番话已成定论，可弗在此问题上起争议，当另商他事"，台下便安静了下来。如此可见蒋梦麟在西南联大的威望。正是因为教授们对他信服，他才能将西南联大管理得井井有条。

作为一所联合大学，最容易出现矛盾的地方就是在学校的管理上。蒋梦麟提出了在西南联大内部实施常务委员制，对外的事务由自己负责，至于校内行政事务，则由梅贻琦负责。蒋梦麟说，张伯苓老成持重，其经验毅力都令他非常钦佩，由张伯苓主持校务，他会非常放心。但若是张伯苓因事不能亲自主持，梅贻琦也可代表他掌管校务。

在管理西南联大的日子里，蒋梦麟沿用了他一贯的"用人不疑"的原则，放手将全部校务交给梅贻琦，对其不进行干涉或指点。梅贻琦虽然年轻，经验尚浅，但蒋梦麟却非常尊重他的意见，也非常信任他，这让梅贻琦感到非常舒心，于是义不容辞地掌管起学校校务，尽心尽力，从不偏私。

由于师生人数过多，加之有不少教学仪器、设备、书籍等物件需要存放，想在昆明一下子就找到合适的房子非常困难。根据之前在昆明周围的考察，蒋梦麟最后决定，将文学院和法商学院暂时设在蒙自。蒙自原是中越之间的通商城市，滇越铁路建好后，蒙自的重要性骤降，其海关衙门也取消了。西南联大的蒙自分校就设在旧时的海关衙门里。

1938 年 5 月 2 日，学生们入校注册，并开始上课。1938 年 9 月，昆明当地的一些中学开始向农村迁移，为西南联大提供了有利条件。当地的中学迁走后，原有的校舍空了出来，于是西南联大将这些校舍租下，并将蒙自的两个学院接回了昆明。

西南联大成立后，不到一年的时间里，学生人数就有了大幅度增长，从开学时的 1300 人左右增长到 2000 人。暑假过后，学生人数又从 2000 人增长至 3000 人。之后的几年里，西南联大的师生人数从未停止过增长。抗日战争结束时，西南联大拥有的师生总人数在全国高等院校中名列前茅。

西南联大在保留长沙临时大学院系结构的基础上增设了师范学院，并对原有院系进行了适当的调整，使之更加符合当时的情况，也更加容易管理。不仅如此，西南联大在1938年至1939年之间建立了上百幢茅屋，以供学生们居住。

蒋梦麟知道，这些学生能够在如此混乱的时期来到昆明求学是件非常不易的事情，他们不但要长途跋涉，还要冒着生命危险。他的儿子在从上海赶往昆明的途中就经历过好几次意外。

当时，日军为了防止人们出逃，在很多陆路和水路都设立了岗哨。一次，蒋梦麟的儿子和同学们想要在夜里偷渡一座有日军把守的桥梁，他们特意挑了一艘小船，可还是被日军发现了，遭到了射击，所幸的是无人伤亡。

并不是所有学生都可以这么幸运，他的儿子告诉他，有一次，走在他们前面的一群学生被日军发现，当场被逮捕，其中一名学生还被砍下了头。日军将那名学生的头挂在树上，用来警示其他人，不要试图逃走。那情景非常骇人。

由于学生们发起过多次抗日运动，所以日军对学生们的仇视非常严重，一旦发现学生身份的人，都会立刻抓捕，施以酷刑。为了躲避日军的抓捕，许多学生只得化装成手艺店的学徒或搬运工人。不仅如此，他们在逃难的过程中也不敢轻易露面，忍受着饥饿和各种恶劣的环境。

蒋梦麟曾从一位学生口中听说，北京大学文学院已经成了地牢，许多学生都被关在那里，遭受着非人的待遇。日军声称北京大学的学生让他们遭受了伤害和损失，既然犯下了如此大的罪过，自然应该受到相应的惩罚。为了让这名学生"悔悟"，日军曾将冷水不断灌入他的鼻子，令他晕了过去。这名学生说，他若不是最后有幸逃脱，恐怕已经不在人世了。

学生们的惨痛经历让蒋梦麟痛心，所以他更加疼爱这些冒着生命危险逃出北平，逃到昆明的学生们。然而战争年代条件艰苦，虽然蒋梦麟一直在努力使学生们过得好一些，试图让学生们有一个良好的学习和生活环境，可是当时的社会却由不得他这样想。

为了让学生们的学业少受一些干扰，蒋梦麟力图为他们准备最好的书籍和仪器。可是随着广州的失陷，滇越铁路变成了运送军火的专用路线，不再允许运送其他物品。蒋梦麟原计划将书籍等先运送去越南，再从境外运送到昆明，如今，这个计划无法实施了。

此外，校舍的简陋也让师生们饱受折磨，铁皮顶的房子每到下雨之时都会响个不停，学生们的鞋子沾过雨水后，把用泥土铺成的教室地面踩成了数个泥坑。风从没有玻璃的窗户刮进来，肆意吹起学生们的书卷。

除了学习方面，师生们在生活方面也遇到了很大的问题。1940 年 8 月后，日军开始轰炸昆明。随着战争越来越激烈，昆明的物价成几倍地增长，特别是在每次战局逆转的时候，昆明受到的冲击都会变得更大。蒋梦麟曾在写给胡适的信中提道，"昆明一年多以来百物腾贵，米每石已涨至 100 元以上，前年每石7 元……同人八折支薪。每月入不敷出。"

联大校舍两次被炸之后，蒋梦麟开始多次前往四川省内，寻求一处安全的地方，最后，他选定了叙永。第二年 11 月，西南联大在叙永设立了分校，并在此开设了一年级和先修班。不久之后，日军对昆明的轰炸渐渐平息，于是蒋梦麟改变了将西南联大迁至叙永的想法，而是将叙永的分校迁到了昆明。

西南联大能够成为抗战时期国内规模最大，教职员工和学生人数最多的大学，蒋梦麟的功劳可圈可点。他将三所大学的优点集于一处，又将三所大学的校长构成了一个和谐一致的集体，共同治校，共同发展。若是没有他的协调，三位校长或许不能配合得如此默契，其关系或许也无法如此融洽。在蒋梦麟的努力下，西南联大得以在炮火连天的时代里创造辉煌。

6. 批役政之陋

1941 年 7 月，蒋梦麟加入红十字会，兼任该会会长一职。刚刚上任不久，蒋梦麟便由于职责关系，和一个学生去后方视察红十字会的工作。当天，他们乘坐的是一部救护车，救护车很大，很新，也很漂亮，是由美国红十字会送给他们的。车上装了许多药品，同样是由美国红十字会赠送的。

蒋梦麟和学生从昆明出发，途中经过了贵阳、重庆、桂林、衡阳、湘西镇远等地，最后回到昆明。之后，他们又沿着滇湎路一路向西直到保山，对沿途的各红十字会办事处进行了视察。回昆明的路上，蒋梦麟的心一直很沉重。他说，经过了几个星期的视察，他看到太多残酷的事，这些事情都让他心悸神伤，终生难忘。

蒋梦麟在路上视察了一些壮丁收容所。壮丁收容所一向不许外人随意出入，但是蒋梦麟身着白衣，又带有药品，收容所的管理人便想当然地将他当成了医生，没有对他进行阻拦。蒋梦麟走进收容所，看到里面躺着许多人，有些人面色苍白，有些人则面黄肌瘦，惨不忍睹。

蒋梦麟与贵阳收容所里的一名壮丁谈话，问他来自哪里，壮丁说，他来自广东曲江，原本和他同行的有 700 人，可是现在只剩下 17 人了。蒋梦麟问他，其他人是不是不想打仗，所以在路上逃跑了。壮丁的回答让蒋梦麟感到悚然，因为壮丁告诉蒋梦麟，没有人逃跑，那些人都已经死了。

那名壮丁说，从广东曲江到贵阳，一路上都荒凉至极，不但没有东西可以吃，连喝水都成问题，他们一路上几乎一直在挨饿。有时候，好不容易遇到有水的地方，大家便争先恐后地去喝，可是那些水一喝下去就会拉肚子、患痢疾。因为没有药，很多人的身体撑不住了，就死在路上了。

蒋梦麟完全难以想象，是这样的原因让 700 名壮丁死得只剩下 17 名。若是他们真的死在了战场上，死在了与日军的拼杀中，倒也死得其所，死得光荣，可他们不是，他们还没来得及上战场，还没来得及杀敌报国，就这样死在了自己同胞的手下。虽然，那些看守和押送他们的人并没有直接动手杀害他们，可他们确实因那些人而死。

蒋梦麟听说剩下的这 17 名壮丁中有人仍然患着痢疾，急忙叫来医生为他们诊治，壮丁们对蒋梦麟非常感激，蒋梦麟却感到异常心痛。之后，他还在收容所里见到了被绳子拴起来的壮丁和在兵营里训练的壮丁，那些人没有一个面色是正常的，他们都饿得骨瘦如柴，并且非常虚弱，东倒西歪。

听说许多壮丁在行进的过程中也要被绳子系在一起，为的是防止他们逃跑。蒋梦麟想象不出那是怎样的场面，直到他有一次亲眼看到，上百名壮丁被迫同时在山上一起小便。壮丁们的双手都被一条长绳系着，兵役们要求他们一切行动都要统一，即使上厕所也要一起，无论他们此时是否真的需要。一旦错过，他们就再没有其他机会了。

没有一顿饱餐，只能喝带有病菌的水，还要被限制人身自由，动一动就要挨打。长途跋涉已经将他们的体能消耗殆尽，恶劣的环境更让他们不停遭受疾病的困扰。在这样的情况下，壮丁们只能勉强维持自己的生命而已，更不要说接受严格的训练上前线打仗了。可是即使如此，押送他们的人仍然不以为意，不管他们的身体健康，强迫他们接受训练。

壮丁们过着艰难的生活，押送壮丁的兵役们却只顾享受，蒋梦麟曾见过一群兵役在空闲的时间赌博，他们掏出大把的钞票，拍在桌子上，一边赌，一边兴高采烈地呼喊着。一名壮丁大着胆向前向他们要一点水喝，却遭到了他们的怒骂，让他滚到一边去。

更让蒋梦麟难以忍受的是，兵役们处理伤残、重病或死亡壮丁的方式。对于伤残和生病的壮丁，兵役们选择了活埋。蒋梦麟曾亲眼见到过一个被草草埋起来的"死者"，"死者"的一条腿露在外面，隐约地抽搐着，看得蒋梦麟触目惊心。有时，押送者们甚至连埋都懒得埋，直接将死去的壮丁留在荒野上，任由野狗争食。那场面让蒋梦麟毛骨悚然。

有些地方死人埋得太多，散发着浓烈的臭气，蒋梦麟经过那些地方时几乎没办法呼吸，可那些兵役们却习以为常地来来往往。在兵役们眼中，壮丁已经算不得鲜活的人了。

蒋梦麟能够有机会近距离接触到壮丁们，了解他们最真实的生活，主要由于他是代表红十字会来的。兵役们只当他是医生，所以对他没有什么防备。他们没有想到，蒋梦麟会将所见的一切都记在了心里，并将这些事实记录成文字，准备上呈给当时军事最高当局。

早在滇涵路之行前，蒋梦麟就已写过一封《有关兵役状况的视察报告》，对壮丁体系的效率低下、腐败和无人道进行了记录和批判。在上交报告前，蒋梦麟曾将报告给一位将军看过。这位将军看完蒋梦麟的报告，长叹了一口气。

关于兵役和壮丁的事情，这位将军自然也多少知晓，他只是没有想到，蒋梦麟竟然会将这些事情一五一十地写出来，若是被相关的人知道，蒋梦麟必然有麻烦。这位将军提出代蒋梦麟上交报告，蒋梦麟拒绝了。蒋梦麟不希望这位将军因为自己得罪人，由此可见他敢作敢当，不愿连累他人的性格。

很明显，蒋梦麟也知道这是一件得罪人的事情，可即使如此，他也不能任由那些兵役再这样迫害壮丁们，更不能允许当时的兵役政策如此腐败黑暗。于是他将报告亲自送到了军事最高当局的收发室，并将对方给他的收条妥善地保管了起来。这样若是中途出现差错，他也可以有凭证，证明自己确实送过这份报告。

数天过去了，蒋梦麟的报告如石沉大海般，没有一点回应，他有些坐不住了。他先向陈辞修将军询问了报告一事，对方表示对此事不知情，于是蒋梦麟又请人代他询问军事最高当局，看对方是否收到了他的报告。经过查询，原来，报告一直放在秘书室里，还没有上呈给最高层。

最高当局看过蒋梦麟的报告，立刻派人去重庆壮丁营核实。此时，蒋梦麟也开始了他的滇湎路之行。最高当局经核实，发现结果与蒋梦麟所描述的相同，于是立刻对主持役政的大员进行了审判，并将其判处了死刑。蒋梦麟在滇湎路之行的途中，担心前一封报告力度不够，便又写了一封。回到昆明后，他得知那位大员已经得到了应有的惩罚，便将第二封报告烧掉了。

虽然主持役政的大员已经被最高当局惩办，但是蒋梦麟却并未感到欣慰。他看事情一向仔细透彻，对于兵役一事自然也是如此。他说，兵役会办得这样糟，并非完全由于人事关系，其中有很多缺点是主持役政的人无论如何补救都补救不过来的。

蒋梦麟根据自己一路上的观察，从各个角度去分析兵役办得如此糟糕的原因。他说，"交通梗阻，徒步远行，体力消耗过甚；食物不够，且不合卫生，易起疾病；饮水含微生物，饮之易致腹泻；蚊子肆虐，疟疾为灾。凡此种种，苟无控科学设施，虽有贤才负责，亦无重大改进之可能。"

在他的建议下，兵役制度进行了改革，壮丁们不需再徒步前往训练中心，而是可以在当区的小型飞机场集合后，乘飞机前去。这样一来，他们的体力得以保留，也少受了许多环境的折磨。此外，从村落到机场的途中设立了一些招呼站和卫生所，壮丁们可以在这些地方进行补给和治疗。如此一来，因病死亡的人数大大降低。

作为一名学者，蒋梦麟能够在兵役制度方面提出如此有效的建议，足以看出他并不仅仅是一位学术人才。同时，从他不惜得罪高级军事将领也要伸张正义的行为来看，他不但不畏权贵，并且不怕强权，是位有血有肉有气节的民族之士。

第九章　奔忙不息至终生

1. 挥手别北大

西南联大毕竟是三所大学合办的学校，身为北京大学的校长，又是西南联大的总负责人，蒋梦麟的身份和地位让他未免有些尴尬。身为北京大学一校的校长时，他可以尽力为本校的教职员工争取利益，让他们生活得好，而身为西南联大的校长，他就必须顾全大局，让全校的教职员工都获得同样的利益。

熟悉蒋梦麟的人都知道，他从来不是一个有私心的人，可是他毕竟与北京大学感情深厚，又先后在北京大学任职了十数年，所以很多清华及南开大学的教职员工总不免会担心，怕他有什么好事都优先考虑北京大学的教职员工，之后才会顾及到其他两校。

事实上，蒋梦麟负责西南联大期间，从未对北京大学的教职员工有过一点优待，而是尽量平衡三所学校教职员工的待遇。有时，为了让另两所学校的教职员工心服，他甚至会故意降低一部分北京大学教职员工的待遇，使他们和其他两所学校的教职员享受同等待遇。

蒋梦麟想，自己是北京大学的人，北京大学的教授们便是自己人。为了避免其他两所大学的教授们多想，学校里有表彰、进修或评选一类的事情，为了顾全大局，蒋梦麟总是会遵循先人后己的原则，优先考虑其他两所大学的教授们，以免其他两校的教授认为他偏私。

蒋梦麟这种无奈的做法曾因此招致一些北京大学教授的不满，他们时常抱怨蒋梦麟负责西南联大之后，对原北京大学的教授没有之前那么关心。也有一些教授明白蒋梦麟的难处，对他的做法表示理解。

蒋梦麟常对人说，在联大，他不管就是管。确实，在联大的日子里，他很少管理学校内部的事情，大多都交给了梅贻琦处理。但在关键的时候，需要他拍板的时候，他也从不迟疑。西南联大还是长沙临时大学的时候，由于张伯苓和梅贻琦迟迟不到长沙，一些北京大学的教授提出了散伙的建议。

蒋梦麟对这些人说，他们这种主张要不得，政府决定要办一个临时大学，是希望能够把平津几个重要的学府在后方继续办下去，大家既然已经来了，不管有什么困难，一定要办起来，不能因为张伯苓不来就不办了。他劝大家多等几天，还说，这样一点决心都没有，还谈什么长期抗战。在蒋梦麟的劝说下，教授们不作声了。

西南联大成立后，蒋梦麟的时间和精力大多用在了对外的工作上，如为学校筹集经费，与政府沟通交流，招揽人才等。1941年之后，西南联大渐渐步入了正轨，蒋梦麟见状，深感安心，于是更加不去过问学校的具体事务。由于同时身兼数家机构的会长，他时常外出考察。此外，他还在这一年编写了《西潮》一书。

《西潮》一书原名《东土西潮》，是蒋梦麟在轰炸声中完成的一本记载了他前半生的自传。蒋梦麟曾说，若不是当时轰炸连连，不得不时常为了躲警报哪里都不能去，他或许还在全国各地奔走，没有闲下来的时间去写这本书。

此时的蒋梦麟已经 56 岁，早在三年前，他便计划用英文写一本这样的书，只是当时感到自己的英文水平还不足以将思想全部表达，于是便用了三年时间，对英美名家作品进行了熟读和研究。该书的全文都用英文书写，他说，这本书有点像自传，有点像回忆录，也有点像近代史，是他当作有趣的"玩意儿"来写的。

蒋梦麟在《西潮》一书中对 1842 年至 1941 年间的中国进行了概述，他记述了自己儿时的经历，从老人口中听来的故事，成长过程中看到的种种现象，以及对社会的理解和分析。他希望读过这本书的人能够认识到那些年间，中国人在战时与平时的心理、情感及道德状况，明白那些历史背后真正的意义。

抗战时期的西南联大处于非常艰苦的环境之中，这样恶劣的环境与蒋梦麟的教育理想相差甚远，使他颇感头痛，不由得产生了想要复兴北京大学的念头。对于西南联大，蒋梦麟则开始不抱太多希望，并暗自开始计划如何在抗战结束之后，以最快的速度复兴北京大学。

1941 年 12 月，太平洋战争爆发，蒋梦麟看到了抗日战争胜利的曙光，复兴北京大学的念头就更加强烈了。他开始格外留意社会中知名的学者，有意将他们收入北京大学，成为北京大学复兴时的重要师资。

1942 年 8 月，胡适给身在昆明的北京大学同人打了一通电话，并在电话中表明了他一定要回到北京大学的意愿。蒋梦麟听说此事后，格外兴奋，他早就对很多人说过，胡适一定会回到北京大学，如今胡适的一番表态说明他一直以来对胡适的相信没有错，同时也使他更加坚定了复兴北京大学的决心。

1943 年 1 月，蒋梦麟给胡适写了一封信。他说，联大苦撑五载，一切缘轨而行，吾辈自觉不满，而国中青年仍视为学府北辰，盛名之下，难符其实。图书缺乏，生活困苦（物价较战前涨百倍以上），在此情形之下，其退步非人力所可阻止。蒋梦麟还说，傅斯年曾因他不管联大的事情而责备过他，其实他的不管就是管。

在信中，蒋梦麟将自己意欲复兴北京大学的计划一一列举，并对胡适说，发展文化教育是战后国家的头等大事，他们必须全力以赴，才能在这方面创下成绩，为后人留下一份珍贵的精神财富。胡适读过信后，深以为然，表示北京大学若是真到了复兴那一天，必然需要蒋梦麟的领导。

胡适赞成蒋梦麟在信中提到的设想，如在北平创立一文史与自然科学中心，以社会科学和应用科学附之；所有学科的学生都必须通一门外语，学习国文的学生更要精通外语；对学生的群体性和个性加以适当训练；严格制定学科制度，不及格者需要留级或退学；在北京大学开设美国大学的讲座，并将北京大学的学生派去美国留学。

虽然胡适对蒋梦麟的计划表示了绝对的支持，其他人却并不这么想。由于蒋梦麟就职联大期间不够关心北京大学事务，不为北京大学争取利益，一些北京大学的同人早对他心存不满，如今他又接受了政府的官职，不论什么原因，这些同人们都希望借此机会让他离开北京大学。

反对蒋梦麟的北京大学同人称，蒋梦麟曾亲自制定过"大学校长不得兼任行政官吏"的制度，如今他带头违反这一制度，足以说明他已经不在意北京大学，无心处理北京大学事务，若是继续让他担任北京大学的校长，对北京大学没有一点好处。这些人发起了"倒蒋迎胡"的风潮，反对蒋梦麟，而拥护胡适来当北京大学的新校长。

傅斯年为了避免事情越闹越大，急忙催蒋梦麟回到昆明，给北京大学的教授们一个合理的解释，可是蒋梦麟却迟迟没有回来。于是，一时间流言四起，有传言蒋梦麟即将辞去北京大学校长一职，于是反对他的人更加理直气壮。

1945年，八年抗战胜利。北京大学复兴之日将近。蒋梦麟一直认为只要自己心系北京大学，便可以一边为国家办事，一边为北京大学做贡献。如今，他终于意识到，若想从政，只能放弃北京大学校长一职。于是，8月7日，蒋梦麟回到昆明，亲自向北京大学的同人们宣布了辞职声明。看到他态度诚恳，并同意胡适接任校长一职，那些反对他的人便没有为难他。

从1919年到1945年，26年的时间里，蒋梦麟先后三次代理北京大学校长，之后又正式担任北京大学校长，并且成为了北京大学校史上任职时间最长的校长。傅斯年曾说，"孟邻（蒋梦麟）先生学问比不上子民（蔡元培）先生，办事却比蔡先生高明。"蒋梦麟听过此话表示赞同说自己不过是北京大学的"功狗"，蔡元培才是功臣。

也许是蒋梦麟与北京大学的缘分尽了，他的"功狗"生涯也到此为止，但所有人都会记得他是如何将自己半生精力都投入到建设和发展北京大学的事业中。所有人都会记得，在北京大学的校史上，有这样一位兢兢业业，大公无私的好校长。

2. 兴农为兴邦

离开了北京大学，离开了自己为之奋斗了半生的教育事业，蒋梦麟并没有闲下来。"社会公道"成为他余生中最重视的问题。

虽然生活在大城市，蒋梦麟却时常会对农村地区产生特别的关注，这也许和他儿时的成长经历和环境有关。他不是农民的儿子，却是从农村走出的孩子，他始终能够清晰地记得，自己儿时在田间愉快地奔跑，和小伙伴们一起捕捉各种昆虫的画面。他也会不时想起池塘中游来游去的鱼儿和水禽，空气中弥漫的泥土的清新，以及老人们坐在树下讲给他的那些听起来引人入胜的故事。

蒋梦麟自小生长在农村，对农村有着不一样的感情。农村是能够让他感到亲切和轻松的地方，虽然他知道，农村的教育始终很落后，消息很闭塞，但这并不能减少他对农村的喜爱。他生性单纯质朴，农村的种种生活方式恰好能够让他感到轻松，感到舒心。

蒋梦麟的心中有份割不断的乡情，这份乡情使他不但关注家乡的情况，也关心其他农村地区的情况。纵观我国历史，土地问题一直是改朝换代的重要原因之一。土地分配不均，农民衣食不足，自然就会引发一系列的动乱和反抗。

蒋梦麟发现，土地问题永远是中国祸乱循环的原因。虽然孙中山早已提出过"平均地权"和"节制资本"的纲领，并指出，中国自古以来都是以农立国，只有平均了地权，才能切实保障农民的权利，农民才能够真正享受多劳多得，但这一愿望并没有真正实现。

对于民国时期江南地区的农民来说，土地的意义非常重要，因为他们祖祖辈辈都依靠土地为生，自给自足，所以土地就是他们的传家宝。如果真的能够解决土地问题，农民的生活必然会得到改善。

孙中山提出了"耕者有其田政策"。为了使耕者有其田，他说，政府应照地价收税和照地价收买地主的土地，地价由地主根据地的价值自行决定。一旦定好价，达成交易，就要受到法律的约束，地皮的价格如果在价格定好之后再行涨高，所增加的价值则完全归为公有。然而，南京国民政府成立后，立刻开始着手恢复旧的土地政策，并大肆镇压农民运动。

南京国民政府下达的一切规定，其主要目的都是为了保护大地主大资产阶级的利益和统治。在这之后，国内的土地问题又变得严重。大量的土地都掌握在地主手中，农民很难拥有或几乎没有土地，想要种植，只能向地主租地，同时还要交纳很高的地租和赋税。如此一来，农民的生活就更加困窘了。

蒋梦麟想，要进一步发展农村生产力，必须先废除不合理的封建土地制度。抗战时期，国民政府对这种状况进行了一定的治理，但结果不佳。眼看中国的农村社会经济面临破产和崩溃，蒋梦麟心急如焚。

1946 年 3 月 11 日，美国总统杜鲁门在华盛顿接见了中国著名乡村建设家晏阳初，并与其就中国农村复兴的问题进行了初步讨论。1948 年，晏阳初再次访美，与美国众议院外交委员主席伊顿进行了洽谈。两个月后，晏阳初得到了令人兴奋的答复，美国同意向中国提供援助，并与中国一起成立中国农村复兴联合委员会，简称农复会。

任何一个机构的建立都有其重要意义，农复会的主要任务是增加国内的农村生产，对农村的社会福利予以改进，进而开展农业建设，复兴农村社会。美国表示，会派国务卿协助中国政府共同对该会进行管理，并将 4 亿元经济援助款项中的 10％作为农复会的经费。

8 月 11 日，蒋梦麟、晏阳初和沈宗瀚接到了南京政府的任命，担任农复会的中方委员。政府还任命蒋梦麟为该委员会的主任。

在刚得到通知时，蒋梦麟曾婉言拒绝过，因为当时的他正在处理中国抗日战争后剩余的物资和资金，以及许多与工业相关的工作，已经忙得难以脱身。无奈盛情难却，最后他接受了这一任命，并提出想要将无锡划为土地改革试验区。

蒋梦麟就自己多年来对中国农村状况的了解，指出维持现状对农村建设毫无意义，并提出应该将改革土地作为农村建设的首要任务。他说，只有进行土地改革，才能实现公平分配，所以无论如何，土地改革必须要实施。

选定无锡，是因为无锡正在渐渐向工业城市转变，那里的人们已经不完全依靠土地生活。蒋梦麟想，若是用这里的土地进行改革试验，或许能够容易一些。但他同时也想到，地主们总是非常固执的，若是他们坚持不肯配合，那便只能借助政府的力量，用兵力迫使他们同意。

蒋梦麟一向不主张武力解决问题，然而特殊情况特殊对待。即使因此稍稍动一点武力，也是没有办法的事情。

在遇到需要决策的事情时，农复会采用全体委员反复商议的形式。有人说它很像一所大学的运行模式，这或许因为蒋梦麟和沈宗瀚都曾在大学中工作过。在农复会，五位委员的地位是平等的。蒋梦麟虽然身为农复会主任，但是他从来不搞一言堂，所有决策都由大家一起商定，到了具体执行的时候，再交给秘书长。

在农复会，任何决策必须要同时经五位委员的同意后才可执行，秘书长虽然负责执行，却没有决定权。每当有事情需要上报时，秘书长会将同样的一份文件复制为五份，每位委员各一份。

一个机构在运行之前，必须要有详尽的计划和明确的方针，否则很有可能半途而废，或偏离初衷。在确立方针时，几位负责人各抒己见，并先后就每个人提出的方针进行了一段时间的试验，最后，蒋梦麟和沈宗瀚的主张被采纳了。

蒋梦麟和沈宗瀚主张，为了适应当时社会的需求，应该先积极增加农作物的生产，并对阻碍生产的主要因素和不合理的租佃制度进行改革。方针被确定后，农复会的委员们便马上行动起来，着手实施他们的计划。

万事开头难，农复会的工作在刚开始时也遇到了许多困难，这些困难主要与当时的社会情况有关。不过蒋梦麟等人并没有被这些困难打败，他们马不停蹄地穿梭于祖国各地，在南方各省设立办事处，竭尽全力地推动农复会的发展。

1948 年 12 月 4 日，农复会迁往南京。之后，蒋梦麟等人便以南京为中心，不断飞去各地考察。在考察过程中，蒋梦麟遇到了许多以前的学生，许多学生他都不认识，但是学生们一眼就能将他认出来，恭敬地走上前与他打招呼，并主动提出帮他的忙。同行的其他人见到此景，都不由得钦佩蒋梦麟深得人心，桃李满天下。

一次，蒋梦麟等人的飞机临时降落在汉中。这里本不在他们考察地区列表之中，然而当他们一行人到达此地后，突然想到此地特产丰富，便突发奇想，打算在这里推行农村建设工作。由于只是临时降落，没有与当地进行接洽，所以当一位年轻女孩面带微笑走向他们时，他们感到有些疑惑。

女孩走到蒋梦麟面前，轻声问道："校长，您为什么到这儿来?"得知蒋梦麟是来找胡宗南将军的，女孩告诉他，胡宗南将军正在开军事会议，暂时抽不开身。机场里有好几名工作人员都和女孩一样曾是蒋梦麟的学生，听说蒋梦麟来了，都非常热情地招待他们。

饭后，学生们想要帮蒋梦麟付账，却得知账单已经被胡宗南将军的副官结过了，脸上纷纷露出失望的神色。一位同行的美国委员很是吃惊，他们难以想象一位校长竟然教过如此多的学生，并且时隔多年，仍然受到学生们的敬重。

农复会在大陆的工作只开展了大约一年的时间，这一年里，蒋梦麟努力地去落实孙中山早年提出的"耕者有其田"的思想，在同人们的协助下，农复会在湖南、广西、广东、云南和四川省建立了实验区和办事处，并在四川、广西和贵州协助政府开展二五减租。此外，他们还在农村扩充了灌溉设施，推广了改良后的农作物品种，对各地传染病进行了防治。

农复会能够为当时的农村办下如此多的实事，让农民们受益，这其中有蒋梦麟不少的功劳。然而政局的变动令农复会受到了很大影响，1948 年 12 月 4 日，农复会迁到了广州，又于数日后再迁，一部分迁去四川，另一部分迁去台湾。

3. 携会赴台湾

飞机在地上滑行了一段路程，缓缓地起飞，飞上天空，飞过海峡。海峡对面，一座小岛清丽优雅，那里就是我国的宝岛台湾。

在前往台湾的途中，蒋梦麟坐在飞机里，望着向后飞逝的云层。当时已是傍晚，夕阳西下，天空中尽是被余晖映照出的晚霞。见此情景，蒋梦麟不由得想起李商隐那两句著名的诗句："夕阳无限好，只是近黄昏。"

那是 1949 年的 2 月，农复会已经决定让蒋梦麟、晏阳初和贝克一起前往台湾，在那边开展工作。蒋梦麟知道此次台湾之行意味着什么，但是他身上肩负着农复会的重任——建立农复会的实验基地，他没有后退的理由。

就在刚刚上飞机时，一位美国的朋友还在与蒋梦麟开玩笑，问他是否在天空里也会遇到他过去的学生。蒋梦麟刚刚表示应该不会有，就见一名高大的飞行员走到他面前敬了个礼，叫了一声"校长"。

蒋梦麟问那名飞行员是谁，飞行员说，他是蒋梦麟的学生。蒋梦麟又问他怎么会在这里，他说，当初是蒋梦麟将他保送学航空的，如今他已经是副驾驶员了。听到对方这么说，蒋梦麟心中不由得升起一丝荣耀感，作为一名教育者，最大的满足就是看到学生们取得成就，看到自己的学生毕业后如此优秀，他深感自己这些年花在教育事业上的心血没有白费。

下了飞机之后，蒋梦麟等人受到了台湾省政府的热情接待。在接待人员中，竟然也有一名是蒋梦麟曾经的学生。学生告诉蒋梦麟，用来接他的车是以前省政府夫人的专车，也是省政府里最好的一辆车，如今专门给校长用。蒋梦麟笑着说，那位省主席夫人与他是老朋友，学生听完谦恭地笑了。

台湾的风景美不胜收，然而蒋梦麟一行人却无暇欣赏，他们随接待人员到达招待所，进行了简单的安顿后，便与早已在那里等待他们的农业人员讨论起工作来。

蒋梦麟等人从当地的农业人员口中得知了台湾农业的近况，并针对这些情况研究了即将开展的工作及应该采用的方法。蒋梦麟对省主席陈辞修说，农复会的工作方针好像一把双刃剑，会同时推行公平分配和运用近代的科学方法增产。

蒋梦麟说，公平分配和生产是相辅相成的关系，两者必须同时发展，缺一不可。若是只注重生产而不注重公平分配，社会的贫富差距就会越来越大，社会纠纷也会越来越严重。若是只注重公平分配而不注重生产，只能将贫穷分给所有人。他还强调，公平分配不等于平均分配，并不是使所有人分到同等的份额，而是使所有人都分到合乎公道的份额。

陈辞修听过蒋梦麟的讲解，连连赞好，但他也表示，单凭他一人和政府的力量，想要在台湾实施开展这两个方针比较困难，如果农复会肯帮忙，那则是再好不过的。蒋梦麟立刻表示，只要省政府有推行土地改革的决心，农复会一定尽力帮忙。在接下来的日子里，蒋梦麟发现陈辞修确实是一位有决断力，有丰富经验之人，对方的坚定信念让他对台湾农业改革抱有了很大希望。

水是生命之源，更是农作物赖以生存的条件。在过去的工作中，蒋梦麟与同伴们考察了全国各地的农业发展状况，发现许多地区的农业得不到发展，主要是当地的水利事业不够发达，其次是土壤的肥沃程度和其他因素。蒋梦麟对台湾的农业状况也进行了一番调查，随后发现，除了水利，台湾需要面临的另一大问题是虫害。

在做计划时，蒋梦麟对这些问题都充分地进行了考虑，以寻求最好的解决办法。他听说台湾有一个日治时代的农会，过去一直用于为政府收粮，便提出改变农会的性质，将它变为一个专门为农民服务的机构。

听说距厦门不远的龙岩县由于实行土地改革，农民的生活水平得到了很大提高，对生活的热情也有了很大提高，蒋梦麟便打算亲自过去看一看。然而当他在地方看到"推行伪土地改革者，杀，杀，杀"的标语后，最终放弃了这一计划。毕竟他们不属于纯粹的中国团体，并且队伍中有一些美国人，若是真的前去，难保不会产生麻烦。

一直以来，一个人若是太过于热衷某事，为之疯狂，就很容易被周围的人当成神经病或疯子。当蒋梦麟与他的同伴们大力推行土地改革，提出只有土地改革才能复兴农村时，一些人也将他们当成了神经病，批评他们成天口中除了土地改革还是土地改革。

蒋梦麟曾在广东中央政治会议中代表少数人对广东的地主们说，他们如果不接受土地改革，早晚有一天会被夺走土地，而且还会被砍头。很多人听过这番话后都感觉非常惊悚，他们没想到谦和文雅的蒋梦麟会说出这样的话，认为这就是蒋梦麟的意思，便批评道："糟了，这老头儿也变了。"

蒋梦麟真的变了吗？不，他没有变，他仍然是那个体谅民生疾苦，希望祖国强盛，社会蓬勃发展的蒋梦麟。

蒋梦麟曾在四川见到过农民们听闻政府要减租消息后的喜悦神情，那眼中闪烁着的光芒，深深地映入了他的心。但同时，农民们话语中流露出的对政府的怀疑也让他心痛。特别是当一位农民告诉他"先生，政府的话，哪里靠得住"的时候，他下定决心，一定要真正实现减租，让农民们的生活变好。

为了实现这一目标，蒋梦麟将工作人员分为两部分，一批人留在成都，继续研究如何在内地实施"二五"减租方案，另一批人与他一起飞回台湾，请陈辞修出面帮他们实施台湾的"三七五"减租方案。陈辞修手握军政大权，他一出面，哪里有人敢反对？所以当陈辞修对省议会表示，请大家务必帮忙通过"三七五"减租案及连带法案时，没有一人反对。

蒋梦麟的执着和疯狂感染了委员会内部的人们，也感染了其他部门关心农业发展的人。重庆的王陵基为了让当地某巨公实行"二五"减租，率先将自己家中的田地减了租，并要求该巨公照作，若是不从，便要同该巨公家的佃户站到同一边，帮助他们提出减租要求。

在"农复会"的努力下，台湾的土地改革取得了巨大的成就，这种成就不仅仅是粮食产量增加，橘子出口数量增加那么简单。农民的整体生活变好了，收入增加了，地位提高了，他们的心态和生活习惯也发生了变化。

蒋梦麟说，台湾土地改革和农村建设能够成功，自然离不开人们的热情响应，但仅有热情是不够的。若是只凭着满腔热情，不去考虑所做之事与历史的关系，不但无法产生积极的结果，反而容易造成混乱，比如当年不断爆发的各种打着爱国旗号的游行，各种以宣传新文化为借口的运动，都属于没有考虑事情和历史关系的盲目行为。

多年的经验让蒋梦麟体会到，对于一件事情，首先要有一种基本的看法，然后以这一基本看法为基础进行具体操作。在具体操作时，一定要对国际大势有所了解，若是不了解国际大势，反其道而行，进行的过程就会异常困难，并且难以取得成功。此外，还要懂得运用科学的技术，因为只有科学技术才能提高事情运作的效率。

蒋梦麟将"农复会"的使命视为自己的使命，他参考着历史，根据基本哲学，采用近代的科学技术，再适应着社会的环境，随时随地进行研究，时时刻刻与政府保持联络，这样的日子整整坚持了11年。

20 世纪 50 年代时，台湾顺利地完成了土地改革，以及乡村中农会的改组。农会再也不是帮助当局收粮的机构，而是从真正意义上成为乡村居民的自治组织。不断有技术人员下乡，运用新式技术对台湾农业进行辅助，在这样的环境中，台湾的农业不但实现了生产技术的提升，还实现了产品结构的提升。

蒋梦麟将生命中最后的十几年奉献给了台湾的农改事业。这十几年中，他去过台湾每一个村庄，无论那里有多偏僻，多落后，多贫穷。他对台湾的乡村进行了详细的考察，每一个村庄里都留下了他的脚印和辛劳的身影。蒋梦麟的这种工作态度让他深受台湾人民的爱戴。

4. 曲终人未散

1958 年，蒋梦麟兼任"石门水库建设委员会"主任委员，发展台湾的水利建设。那段日子里，他一边处理"农复会"的工作，一边处理水库这边的工作，平均每个星期里都会有两三天工作并住在石门水库建设工地的宿舍里。

人生短暂，祸福难料，就在蒋梦麟为了石门水库的建设忙得不可开交时，他的妻子陶曾毅又身患重病，蒋梦麟既要投身于工作，又要不时去探望住在医院里的妻子，整个人都憔悴了许多。然而，最后，他的妻子还是因病去世了。妻子去世后的一段时间里，蒋梦麟工作起来更加拼命，许多人都认为，他或许想借此分散心中的悲伤。

1964 年 6 月 14 日，石门水库历经八年终于完工。这是一座同时具有灌溉、发电、给水、防洪、观光等效益的水库，对台湾有着重要意义。

台湾是一个岛屿，四面环海的地理位置令其拥有大量美丽的风景，同时也令其相对缺乏土地资源。台湾的土地面积非常有限，一旦人口剧增，很容易造成人民无房可住，产粮供不应求的局面。

对于任何一个国家而言，人口增长过快，人口数量过多都会导致该国在各方面落后于其他国家，对于城市也是如此。人口的快速增长会产生大量资源消耗，一直作为农业发展生命源的水利资源若是被大量消耗，农业生产就会面临瘫痪，同时严重影响人们的生活，造成恶性循环。

台湾原本没有计划生育的政策。20 世纪 50 年代，台湾的人口突然大幅增长，截止到 1958 年，台湾的人口已经超过了 1000 万人。这一现象让蒋梦麟的心立刻警惕起来，他想，不对台湾人口进行控制，任其按照现有的速度发展，不到 1980 年，台湾的人口就有可能增长至 2000 万人，并对社会造成极大的压力。

早在 1951 年，蒋梦麟就曾对土地问题和人口之间的关系进行过研究，提出应当正视人口剧增的问题。1952 年，他再次强调人口问题的重要性，称人口的快速增长与乱砍滥伐性质相同，从表面上看不出太大危害，然而一过数十年，危害就会突显，并且极其严重。

1959 年，蒋梦麟发表了名为《让我们面对日益迫切的台湾人口问题》的文章，呼吁台湾人民重视计划生育，控制人口数量。然而，文章发表后，当时一些思想保守的"立法委员"对蒋梦麟这一提议表示出极其强烈的愤怒。在当局的反对下，蒋梦麟这一提议没能得到推广。

1964 年，台湾总人口达到了 1225 万人。按照这样的增长速度，蒋梦麟当初的担心越来越可能变成现实。1960 年 4 月 13 日，蒋梦麟在举行的记者招待会上公开宣称：我现在要积极地提倡节育运动，我已要求当局不要干涉我。如果一旦我提倡节育而闯下乱子，我宁愿当局来杀我的头。那样在太多的人口中，至少可以减少我这一个人。

蒋梦麟虽然大力号召人们节育，但他只希望能够从道德上提高人们的相关生育意识，而不是通过相关规定强行禁止。可即使如此，当时的人们仍然不肯接受他的提议。在接下来的时间里，台湾的人口仍然保持着快速增长的趋势。

直到何应钦对蒋梦麟的提议表示出明确接受的态度之后，其他人才开始思考并接受蒋梦麟的提议，并渐渐地开始拥护蒋梦麟。到了1965年，美国宣布不再对台湾进行经济援助，使台湾突然之间失去了大笔资金支持，当局这才意识到"人口多是包袱"，并意识到蒋梦麟当初的提议有多么明智，遗憾的是，此时蒋梦麟已经不在人世了。

1962年12月6日，蒋梦麟不小心跌断了腿骨，住进了荣民总医院。对于他这个年纪的老人来说，骨折是件非常要命的事，可蒋梦麟却一直很乐观，一出院，他便又回到了工作岗位上。

1964年4月，蒋梦麟曾对黄季陆提到，他还有22个月就到80岁了，到那时，他就该退休了，不应该继续挡着年轻人的路。至于退休后做什么，蒋梦麟也已经有了计划，他说对于如今的他而言，教书太吃力，还是专门从事写作更适合他。

4月20日，蒋梦麟的身体已经很虚弱，可是他说什么都不肯坐轮椅，坚持要挂着拐杖出席宴会，还笑着同朋友打趣，说自己现在什么都好，只是多了两只脚，再过两个月应该就好了。没想到三天后，他便因身体不适又一次住进了荣民总医院。

医生为蒋梦麟做了身体检查，最后确定蒋梦麟得的是肝癌晚期，已经无法治疗。为了不影响蒋梦麟的心情，医生没有告诉他实情，而蒋梦麟因为祖上的老人都很长寿，自信自己也有长寿基因，所以一直相信自己的身体并无大碍，休养休养便好。

6月10日，蒋梦麟的病情恶化，不得不再次住进医院。亲友们知道，此时蒋梦麟最大的心愿就是看到他负责了近8年的石门水库正式启用，为了满足他的心愿，亲友们向国际癌症体质改善研究会理事长庄淑旗发出了邀请，希望对方可以为蒋梦麟诊治。庄淑旗当时正在日本，接到消息后立刻赶到了台湾。

庄淑旗对蒋梦麟非常用心，然而蒋梦麟的病情时好时坏，一直不稳定。此时蒋梦麟已经知道自己患的是什么病，虽然一时无法接受，但他还是坚强地撑了下来。

在蒋梦麟生命中最后的那段日子里，他的好友们时常去探望他，鼓励他，他也一直表现得很乐观。并且不时安慰身边陪伴他的亲戚朋友们，对他们说："不要紧张，一切难关都会顺利过去。""没有什么，我的意志力很强，我会挺过去。"一位朋友对他说，要和他一起活到一百岁，然后回到内地时，他笑说对方比他小十岁，怎么可能一起活到一百岁呢。

石门水库正式落成的那一天，病床上的蒋梦麟显得非常兴奋，他告诉大家，他很高兴，之后，便频频打嗝，并不时咳出一些带血的痰来。

由于身体太虚弱，蒋梦麟开始不断陷入昏迷，医生给他上了氧气机。6月17日，他的朋友们去探望他时，他已经没有力气对他们说话，只能勉强抬起手，上下摇动，示意朋友们坐下。

两天后的凌晨，蒋梦麟对守在一旁的家人说"不行了"，并示意他们撤掉补给和氧气。他的家人知道撤掉补给和氧气对蒋梦麟来说意味着什么，所以迟迟不肯动手。他的女儿问他是不是哪里难受。蒋梦麟说，他哪里都不难受，然后不停对着装有葡萄糖的注射器挥手，让女儿帮他撤掉这东西。

　　家人商量了一阵，最后决定尊重蒋梦麟的决定。当天凌晨 12 时 28 分，蒋梦麟永远地闭上了眼睛，安静地去了另一个世界。

　　蒋梦麟去世后，家人将他和他曾经的妻子陶曾榖合葬在同一墓室里。自此，世上再无蒋梦麟，再无那个戴着眼镜，看起来文质彬彬，瘦弱无力，却又有着强大精神力量的老者；再无那个平日里对人一向有礼，遇到原则性问题却能和人争论不休的学者；再无那个以和为贵，却勇敢站出来不许外敌侵犯国家主权的爱国书生。

　　去世前，蒋梦麟仍然不忘民生，他交代家人，将自己遗产中的三分之一拿出来，用作支持庄淑旗进行医疗研究的资金，以便在将来能够救治更多的癌症病人。

　　蒋梦麟走了，但他的贡献还在，他的著作还在，他的精神还在。他为教育界，农业界，乃至整个世界留下的，绝对不仅仅是类似一所大学，几本著作，一座水库那样的物质遗产，还有更为宝贵的精神遗产。他的精神将永远指引着一批又一批爱好学习，爱好知识，爱好教育，致力服务于社会，发展社会的人，向着自己的理想，勇往直前。